Gütersloher Taschenbücher / Siebenstern 286

Weitere Taschenbücher zur Advents- und Weihnachtszeit in GTB · Siebenstern:

GTB 62	*Axel Hambraeus:* Weihnachtsgäste, 8. Auflage.
GTB 74	*Gerhard Timmer (Hg.):* Es begab sich zu der Zeit. Weihnachtsgeschichten, 6. Auflage.
GTB 236	*Horst Nitschke (Hg.):* was fällt ihnen zu weihnachten ein, 4. Auflage.
GTB 321	*Rudolf Otto Wiemer:* Bethlehem ist überall. Geschichten und Gedichte zur Weihnachtszeit, 4. Aufl.
GTB 804	*Julie Imker (Hg.):* Advents- und Weihnachtsgeschichten – Kindern erzählt, 4. Auflage.
GTB 809	*Steffi Baum (Hg.):* Neue Advents- und Weihnachtsgeschichten – Kindern erzählt, 2. Auflage.
GTB 812	*Manfred Baumotte (Hg.):* Wir gehen zur Krippe. Advents- und Weihnachtsspiele, 2. Auflage.
GTB 900	*Klaus Jöhnk:* Das Adventskalenderbuch. Mit Bildern von Christian Kämpf, 3. Auflage.
GTB 1039	*Johannes Wachsmuth (Hg.):* Immer werden wir's erzählen. Geschichten zur Advents- und Weihnachtszeit, 2. Auflage.
GTB 1059	*Steffi Baum (Hg.):* Liebes Christkind, lieber Weihnachtsmann. Kinderbriefe nach Himmelpforten, 2. Auflage.
GTB 1073	*Gerhard Timmer (Hg.):* Wißt ihr noch, wie es geschehen? Weihnachtsgeschichten.
GTB 1085	*Martin Verlohr (Hg.):* Und sie gingen nach Bethlehem. Weihnachtsgeschichten aus aller Welt.
GTB 1086	*Steffi Baum (Hg.):* Lieber Nikolaus, liebes Christkind. Neue Kinderbriefe nach Himmelpforten.
GTB 1091	*Raul Niemann (Hg.):* Macht hoch die Tür. Weihnachtslieder.
GTB 1092	*Eric Hultsch:* Der Weihnachtstraum. Winter- und Weihnachtsmärchen.

Selma Lagerlöf

Geschichten zur Weihnachtszeit

Gütersloher Verlagshaus
Gerd Mohn

CIP-Kurztitelaufnahme der Deutschen Bibliothek

Lagerlöf, Selma:
Geschichten zur Weihnachtszeit / Selma Lagerlöf.
– 5. Aufl., (50.–64. Tsd.). – Gütersloh:
Gütersloher Verlagshaus Mohn, 1986.
(Gütersloher Taschenbücher Siebenstern; 286)
ISBN 3-579-05286-1

NE: Lagerlöf, Selma: [Sammlung ⟨dt.⟩]; GT

ISB N 3-579-05286-1

5. Auflage (50.–64. Tsd.), 1986
Lizenzausgabe mit freundlicher Genehmigung
der Nymphenburger Verlagshandlung, München

Gesamtherstellung: Clausen & Bosse, Leck
Umschlagentwurf: Dieter Rehder, Aachen,
unter Verwendung einer Illustration von
Gabriele Kuhnke, Essen
Printed in Germany

Inhalt

Ein Weihnachtsgast

Einer von denen, die das Kavaliersleben auf Ekeby genossen hatten, war der kleine Ruster, der Noten transponieren und Flöte spielen konnte. Er war von niedriger Herkunft und arm, ohne Heim und ohne Familie. Als die Schar der Kavaliere sich zerstreute, brachen schwere Zeiten für ihn an.

Nun hatte er kein Pferd und keinen Wagen mehr, keinen Pelz und keine rotgestrichene Proviantkiste. Er mußte zu Fuß von Gehöft zu Gehöft ziehen und trug seine Habseligkeiten in ein blaukariertes Taschentuch eingebunden. Den Rock knöpfte er bis zum Kinn hinauf zu, so daß niemand sehen konnte, wie es um das Hemd und die Weste bestellt war, und in dessen weiten Taschen verwahrte er seine kostbarsten Besitztümer: die auseinandergeschraubte Flöte, die flache Schnapsflasche und die Notenfeder.

Sein Beruf war, Noten abzuschreiben, und wenn alles gewesen wäre wie in alten Zeiten, so hätte es ihm nicht an Arbeit gefehlt. Aber mit jedem Jahre, das verging, wurde die Musik oben in Värmland weniger gepflegt. Einstweilen wurde er noch als alter Freund auf den Herrenhöfen aufgenommen, aber man jammerte, wenn er kam, und freute sich, wenn er ging. Er roch nach Branntwein, und sobald er ein paar Schnäpse oder einen Toddy bekommen hatte, wurde er wirr und erzählte unerquickliche Geschichten. Er war die Geißel der gastfreien Gutshöfe.

Einmal kam er um die Weihnachtszeit nach Löfdala, wo Liljecrona, der große Violinspieler, daheim war. Liljecrona war auch einer der Ekebykavaliere gewesen, aber nach dem Tode der Majorin zog er auf sein prächtiges Gut Löfdala und blieb dort. Nun kam Ruster in den Tagen vor dem Weihnachtsabend zu ihm, störte die Festvorbereitungen und verlangte Arbeit. Liljecrona gab ihm einige Noten abzuschreiben, um ihn zu beschäftigen.

»Du hättest ihn lieber gleich fortschicken sollen«, sagte seine Frau, »jetzt wird er das so in die Länge ziehen, daß wir ihn über den Heiligen Abend hierbehalten müssen.«

»Irgendwo muß er doch sein«, sagte Liljecrona. Und er bewirtete Ruster mit Toddy und Branntwein, leistete ihm Gesellschaft und sprach die ganze Ekebyer Zeit noch einmal mit ihm durch. Aber er war verstimmt und seiner überdrüssig, er wie alle die andern, obgleich er es nicht merken lassen wollte, denn alte Freundschaft und Gastlichkeit waren ihm heilig. Aber in Liljecronas Haus hatten sie sich nun drei Wochen lang für das Weihnachtsfest gerüstet. Sie hatten in Unbehagen und Hast gelebt, sich die Augen bei Talglichtern und Kienspänen verdorben, im Schuppen beim Fleischeinsalzen und im Bräuhaus beim Bierbrauen gefroren. Doch die Hausfrau wie die Dienstleute hatten sich allem ohne Murren unterzogen.

Wenn alle Verrichtungen beendet waren und der Heilige Abend anbrach, dann würde ein großer Zauber sie gefangennehmen. Am Weihnachtsfest würde ihnen Scherz und Spaß, Reim und Fröhlichkeit ohne alle Mühe über die Lippen kommen. Alle würden sich mit Lust im Tanze drehen, und aus den dunklen Winkeln der Erinnerung würden die Worte und Melodien der Tanzspiele auftauchen, obgleich man gar nicht glauben konnte, daß sie noch immer da waren. Und dann würden sie alle so gut sein, so gut!

Aber als nun Ruster kam, fand der ganze Haushalt von Löfdala, daß Weihnachten verdorben war. Die Hausfrau und die ältern Kinder und treuen Diener waren alle derselben Meinung. Ruster versetzte alle in lähmende Angst. Sie fürchteten überdies, daß, wenn er und Liljecrona anfingen, sich in den alten Erinnerungen zu ergehen, das Künstlerblut in dem großen Violinspieler aufflammen würde und sein Heim ihn verlieren mußte. Einst hatte es ihn nie lange daheim gelitten.

Es läßt sich nicht beschreiben, wie sie jetzt auf dem Hofe den Hausherrn liebten, seitdem er ein paar Jahre bei ihnen geblieben war. Und was hatte er zu geben, besonders an Weihnachten! Er hatte seinen Platz nicht auf irgendeinem Sofa oder

Schaukelstuhl, sondern auf einer hohen, schmalen, glattgescheuerten Holzbank in der Kaminecke. Wenn er dort saß, dann zog er auf Abenteuer aus. Er fuhr rings um die Erde, er stieg zu den Sternen und noch höher empor. Er spielte und sprach abwechselnd, und alle Hausleute versammelten sich um ihn und hörten zu. Das ganze Leben wurde glanzvoll und schön, wenn der Reichtum dieser einzigen Seele es überstrahlte.

Darum liebten sie ihn, so wie sie das Weihnachtsfest, die Freude, die Frühlingssonne liebten. Und als nun der kleine Ruster kam, war ihr Weihnachtsfriede zerstört. Sie hatten vergeblich gearbeitet, wenn dieser kam und den Herrn des Hauses fortlockte. Es war ungerecht, daß dieser Säufer am Weihnachtstische eines frommen Hauses sitzen und alle Weihnachtsfreude stören sollte.

Am Vormittag des Weihnachtsabends hatte der kleine Ruster seine Noten fertiggeschrieben, und da sprach er von Fortgehen, obgleich es natürlich seine Absicht war, zu bleiben.

Liljecrona war von der allgemeinen Verstimmung angesteckt und sagte darum gezwungen und matt, daß es wohl das beste wäre, wenn Ruster über Weihnachten da bliebe, wo er war.

Der kleine Ruster war stolz und leicht entflammt. Er drehte seinen Schnurrbart auf und schüttelte die schwarze Künstlermähne, die gleich einer dunklen Wolke um seinen Kopf stand. Was meinte Liljecrona eigentlich? Er sollte bleiben, weil er an keinen anderen Ort fahren konnte? Ah, man denke nur, wie sie in den großen Eisenwerken im Broer Kirchspiel standen und auf ihn warteten! Die Gaststube war bereit, der Willkommensbecher gefüllt. Er hatte solche Eile. Er wußte nur nicht, zu wem er zuerst fahren sollte. »Gott bewahre«, sagte Liljecrona, »so fahre doch.« Nach dem Mittagessen lieh sich der kleine Ruster Pferd und Schlitten, Pelz und Decken. Der Knecht von Löfdala sollte ihn zu irgendeinem Gutshof in Bro kutschieren und dann rasch heimfahren, denn es sah nach einem Schneesturm aus.

Niemand glaubte, daß er erwartet wurde oder daß es ein einziges Haus in der Umgegend gab, wo er willkommen gewesen wäre. Aber sie wollten ihn so gern loswerden, daß sie sich dies verhehlten und ihn ziehen ließen. »Er hat es selbst gewollt«, sagten sie. Und nun, dachten sie, wollten sie fröhlich sein. Aber als sie sich gegen fünf Uhr im Eßsaal versammelten, um Tee zu trinken und um den Christbaum zu tanzen, schwieg Liljecrona verstimmt. Er setzte sich nicht auf die Märchenbank, er berührte weder Tee noch Punsch, er erinnerte sich an keine Polka, die Violine war ihm verleidet. Wer spielen und tanzen konnte, mochte es ohne ihn tun.

Da wurde die Gattin unruhig, da wurden die Kinder mißvergnügt, alles im ganzen Haus ging verkehrt. Es wurde der allertraurigste Weihnachtsabend.

Die Grütze brannte an, die Lichter flackerten, das Holz rauchte, der Wind blies bittere Kälte in die Stuben. Der Knecht, der Ruster kutschiert hatte, kam nicht heim. Die Haushälterin weinte, die Mägde zankten.

Plötzlich erinnerte sich Liljecrona, daß man den Spatzen keine Garbe hinausgehängt hatte, und er beklagte sich laut über alle Frauen rings um ihn, die alte Sitten außer acht ließen und neumodisch und herzlos waren. Aber sie begriffen wohl, daß ihn Gewissensbisse quälten, weil er den kleinen Ruster am heiligen Weihnachtsabend aus seinem Hause hatte fortgehen lassen.

Und ehe man sich's versah, ging Liljecrona in sein Zimmer, versperrte die Tür und begann zu spielen, wie er nicht gespielt, seit er zu wandern aufgehört hatte. Es war Haß und Hohn, es war Sehnsucht und Sturm. Ihr dachtet mich zu binden, aber ihr müßt eure Fesseln umschmieden. Ihr dachtet mich so kleinmütig zu machen, wie ihr selbst seid. Aber ich ziehe hinaus ins Große, ins Freie. Alltagsmenschen, Haussklaven, fanget mich, wenn es in eurer Macht steht! Als die Gattin diese Töne hörte, sagte sie: »Morgen ist er fort, wenn Gott nicht in dieser Nacht ein Wunder tut. Jetzt hat unsre Ungastlichkeit gerade das hervorgerufen, was wir vermeiden wollten.«

Inzwischen fuhr der kleine Ruster durch das Schneetreiben. Er zog von einem Hause zum andern und fragte, ob es Arbeit für ihn gäbe, aber nirgends wurde er aufgenommen. Sie forderten ihn nicht einmal auf, aus dem Schlitten zu steigen. Einige hatten das Haus voll Besuch, andre wollten am Weihnachtstag über Land fahren. »Versuche es beim nächsten Nachbar«, sagten sie alle.

Er mochte immerhin kommen und das Behagen von ein paar Werktagen stören, nicht aber das des Weihnachtsabends. Das Jahr hatte nur einen Weihnachtsabend, und auf den hatten sich die Kinder den ganzen Herbst über gefreut. Man konnte doch diesen Menschen nicht an einen Weihnachtstisch setzen, wo es Kinder gab. Früher hatten sie ihn gern aufgenommen, aber nicht jetzt, wo er trank. Was sollte man auch mit dem Menschen anfangen? Die Gesindestube war zu schlecht und das Gastzimmer zu fein.

So mußte der kleine Ruster von Hof zu Hof ziehen, in dem peitschenden Schneesturm. Der nasse Schnurrbart hing schlaff über den Mund, die Augen waren blutunterlaufen und verschleiert, aber der Branntwein verflüchtigte sich aus seinem Hirn. Ruster begann zu grübeln und zu staunen. War es möglich, war es möglich, daß niemand ihn aufnehmen wollte? Da sah er mit einem Male sich selbst. Er sah, wie jämmerlich und verkommen er war, und er begriff, daß er den Menschen verhaßt sein mußte. Mit mir ist es aus, dachte er. Es ist aus mit dem Notenschreiben, es ist aus mit der Flöte. Niemand auf Erden braucht mich, niemand hat Barmherzigkeit mit mir. Der Schneesturm pfiff und spielte, er riß die Schneehaufen auf und türmte sie wieder zusammen, er nahm eine Schneesäule in die Arme und tanzte damit übers Feld, er hob eine Flocke himmelhoch und stürzte eine andre in eine Grube. »So ist es, so ist es«, sagte der kleine Ruster, »solange man fährt und tanzt, ist es ein fröhliches Spiel, doch wenn man hinab in die Erde soll, dort eingebettet und verwahrt werden, dann ist es Kummer und Leid.« Doch hinab mußten alle, und jetzt war er an der Reihe. Er war am Ende.

Er fragte nicht mehr danach, wohin der Knecht ihn führte. Er glaubte, daß er in das Reich des Todes fuhr.

Der kleine Ruster verbrannte keine Götter auf dieser Fahrt. Er verfluchte weder das Flötenspiel noch das Kavaliersleben, er dachte nicht, daß es besser für ihn gewesen wäre, wenn er die Erde gepflügt oder Schuhe genäht hätte. Aber darüber klagte er, daß er nun ein ausgespieltes Instrument war, das die Freude nicht mehr gebrauchen konnte. Niemanden klagte er an, denn er wußte, wenn das Waldhorn gesprungen ist und die Gitarre ihre Stimme verloren hat, dann müssen sie fort. Er wurde plötzlich ein sehr demütiger Mensch. Er begriff, daß es mit ihm zu Ende ging, jetzt am

Weihnachtsabend. Der Hunger oder die Kälte würden ihn umbringen, denn er verstand nichts, er taugte zu nichts und hatte keine Freunde. Da bleibt der Schlitten stehen, und auf einmal ist es hell um ihn, und er hört freundliche Stimmen, und da ist jemand, der ihn in ein warmes Zimmer führt, und jemand, der ihm heißen Tee bringt. Der Pelz wird ihm abgenommen, und mehrere Menschen rufen, daß er willkommen ist, und warme Hände bringen Leben in seine erstarrten Finger.

Von alledem wurde ihm so wirr im Kopfe, daß er wohl eine Viertelstunde nicht zur Besinnung kam. Er konnte unmöglich begreifen, daß er wieder nach Löfdala gekommen war. Er war sich gar nicht bewußt gewesen, daß der Knecht es satt bekommen hatte, im Schneesturm herumzufahren, und nach Hause umgekehrt war.

Ebensowenig verstand er, warum er jetzt in Liljecronas Haus so freundlich empfangen wurde. Er konnte nicht wissen, daß Liljecronas Gattin begriff, welche schwere Fahrt er an diesem Weihnachtsabend gemacht hatte, wo er an jeder Tür, an die er geklopft hatte, abgewiesen worden war. Sie hatte so großes Mitleid mit ihm bekommen, daß sie ihre eigenen Sorgen vergaß.

Liljekrona setzte das wilde Spielen in seinem Zimmer fort. Er wußte nichts davon, daß Ruster gekommen war. Dieser saß indessen mit der Frau und den Kindern im Speisesaal. Die Dienstleute, die am Weihnachtsabend auch da zu sein pflegten, waren vor der Langweile bei der Herrschaft in die Küche geflüchtet.

Die Hausfrau versäumte nicht, Ruster zu beschäftigen. »Sie hören ja, Ruster«, sagte sie, »daß Liljecrona den ganzen Abend nur spielt, und ich muß mich um das Tischdecken und das Essen kümmern. Die Kinder sind ganz verlassen. Sie müssen sich der zwei Kleinsten annehmen, Ruster.«

Kinder, das war ein Menschenschlag, mit dem Ruster am wenigsten in Berührung gekommen war. Er hatte sie weder im Kavaliersflügel noch im Soldatenzelt getroffen, weder in Gasthöfen noch auf Landstraßen. Er scheute sich beinahe vor ihnen und wußte nicht, was er sagen sollte, das fein genug für sie war.

Er nahm die Flöte hervor und lehrte die Kinder, Klappen und Löcher mit den Fingern zu bedienen. Es waren zwei Knaben im Alter von vier und sechs Jahren. Sie bekamen eine Lektion auf der Flöte, und das interessierte sie sehr. »Das ist A«, sagte er, »und das ist C«, und dann griff er die Töne. Da wollten die Kleinen wissen, was das für ein A und was für ein C das war, das gespielt werden sollte.

Da nahm Ruster Notenpapier heraus und zeichnete ein paar Noten.

»Nein«, sagten sie, »das ist nicht richtig.« Und sie eilten fort und holten ein Abc-Buch.

Da fing der kleine Ruster an, ihnen das Alphabet abzuhören. Sie konnten und konnten es nicht. Es sah windig aus mit ihren Kenntnissen. Ruster wurde eifrig, hob die Knirpschen auf seine Knie und begann sie zu unterrichten. Liljecronas Frau ging aus und ein und hörte ganz erstaunt zu. Es klang wie ein Spiel, und die Kinder lachten die ganze Zeit, aber sie lernten dabei, ja, das taten sie.

Ruster fuhr ein Weilchen fort, aber er war nicht recht bei dem, was er tat. Er wälzte die alten Gedanken, die er im Schneesturm gehabt hatte, in seinem Kopf. Hier war es gut und behaglich, aber mit ihm war es doch auf jeden Fall aus. Er war verbraucht. Er würde fortgeworfen werden. Und urplötzlich schlug er die Hände vors Gesicht und begann zu weinen.

Da kam Liljecronas Frau hastig auf ihn zu.

»Ruster«, sagte sie, »ich kann verstehen, daß Sie glauben, für Sie sei alles aus. Sie haben kein Glück mit der Musik, und Sie richten sich durch den Branntwein zugrunde. Aber es ist noch nicht aus, Ruster.«

»Doch«, schluchzte der kleine Flötenspieler.

»Sehen Sie, so wie heute abend mit den Kleinen dazusitzen, das wäre etwas für Sie. Wenn Sie die Kinder lesen und schreiben lehren wollten, dann würden Sie wieder überall willkommen sein. Das ist kein geringeres Instrument, um darauf zu spielen, Ruster, als Flöte und Violine. Sehen Sie sie an, Ruster!«

Sie stellte die zwei Kleinen vor ihn hin, und er sah auf, blinzelnd, so, als hätte er in die Sonne gesehen. Es war, als fiele es seinen kleinen trüben Augen schwer, denen der Kinder zu begegnen, die groß und klar und unschuldig waren.

»Sehen Sie sie an, Ruster!« ermahnte Liljecronas Frau.

»Ich getraue mich nicht«, sagte Ruster, denn es schien ihm wie ein Fegefeuer, in den Kinderaugen die Schönheit der Unschuld zu schauen.

Da lachte Liljecronas Frau hell und froh auf. »Dann sollen Sie sich an sie gewöhnen, Ruster. Sie sollen dieses Jahr als Schulmeister bei uns bleiben.«

Liljecrona hörte seine Frau lachen und kam aus seinem Zimmer.

»Was gibt es?« sagte er. »Was gibt es?«

»Nichts andres«, antwortete sie, »als daß Ruster wiedergekommen ist und daß ich ihn zum Schulmeister für unsre kleinen Jungen bestellt habe.«

Liljecrona war ganz verblüfft. »Wagst du das«, sagte er, »wagst du es? Er hat wohl versprochen, nie mehr ...«

»Nein«, sagte die Frau, »Ruster hat nichts versprochen. Aber er wird sich vor mancherlei in acht nehmen müssen, wenn er jeden Tag kleinen Kindern in die Augen sehen soll. Wäre es nicht Weihnachten, hätte ich dies vielleicht nicht gewagt, aber wenn unser Herrgott es wagte, ein kleines Kindlein, das sein eigner Sohn war, unter uns Sünder zu setzen, dann kann ich es wohl auch wagen, meine kleinen Kinder versuchen zu lassen, einen Menschen zu retten.«

Liljecrona konnte gar nicht sprechen, aber es zitterte und zuckte in jeder Falte seines Gesichts, wie immer, wenn er etwas Großes hörte.

Dann küßte er seiner Frau die Hand, so fromm wie ein Kind, das um Verzeihung bittet, und rief laut: »Alle Kinder sollen kommen und Mutter die Hand küssen.«

Das taten sie, und dann hatten sie ein fröhliches Weihnachtsfest in Liljecronas Heim.

Die Legende des Luciatags

Vor vielen hundert Jahren lebte im südlichen Teil von Wermland eine reiche geizige alte Frau, die Frau Rangela geheißen wurde. Sie hatte eine Burg – oder vielleicht sollte man richtiger sagen, einen befestigten Hof – an der schmalen Mündung einer Bucht, die der Vänersee tief ins Land schnitt, und über diese Mündung hatte sie eine Brücke gebaut, die so aufgezogen werden konnte wie die Zugbrücke über einen Burggraben. Hier an der Brücke hielt Frau Rangela eine starke Wache von Knechten, und vor den Wegfahrenden, die sich bequemten, das Brückengeld zu entrichten, das sie verlangte, ließ die Wache alsogleich die Brücke herab, aber für die anderen hingegen, die sich ihrer Armut wegen oder aus irgendeinem anderen Grunde weigerten zu bezahlen, blieb sie hochgezogen, und da es keine Fähre gab, blieb diesen nichts anderes übrig, als einen Umweg von mehreren Meilen zu machen, um die Bucht zu umgehen.

Frau Rangelas Beginnen, auf diese Weise Steuern von den Wegfahrenden einzuheben, erregte viel Unmut, und vermutlich hätten die trotzigen Bauern, die sie zu Nachbarn hatte, sie schon längst gezwungen, ihnen freien Durchlaß zu gewähren, hätte sie nicht einen mächtigen Freund und Beschützer in Herrn Eskil auf Börtsholm gehabt, dessen Ländereien an Frau Rangelas Grund und Boden grenzten. Dieser Herr Eskil, der eine wirkliche Burg mit Mauern und Türmen bewohnte, der so reich war, daß sein gesamter Grundbesitz einen ganzen Sprengel ausmachte, der, von sechzig gewappneten Dienern gefolgt, durchs Land ritt und obendrein ein wohlgelittener Ratgeber des Königs war, der war nicht nur ein guter Freund Frau Rangelas, sondern es war ihr auch gelungen, ihn zu ihrem Eidam zu machen, und unter solchen Umständen war es nur natürlich, daß niemand es wagte, die geizige Frau in ihrem Tun zu stören.

Jahr für Jahr setzte Frau Rangela unangefochten ihr Treiben fort, als ein Ereignis eintrat, das ihr recht große Unruhe bereitete. Ihre arme Tochter starb ganz unvermutet, und Frau Rangela sagte sich, daß ein Mann wie Herr Eskil mit acht minderjährigen Kindern und einem Hofstaat, der dem eines Königs zu vergleichen war, wohl bald eine neue Ehe eingehen würde, namentlich da er noch durchaus nicht so alt war. Aber wenn die neue Frau etwa Frau Rangela feindselig gesinnt war, konnte dies ihr sehr schädlich werden. Es war für sie fast noch notwendiger, mit der Frau auf Börtsholm auf gutem Fuße zu stehen als mit ihrem Manne. Denn Herr Eskil, der viele große Dinge zu vollbringen hatte, befand sich stets auf Reisen, und unterdessen oblag es seiner Gattin, im Hause und in der Umgegend zu schalten und zu walten.

Frau Rangela erwog die Sache reiflich, und als das Begräbnis vorüber war, ritt sie eines Tages nach Börtsholm hinüber und suchte Herrn Eskil in seinem Gemach auf. Da leitete sie das Gespräch damit ein, daß sie ihn an seine acht Kinder erinnerte und an die Pflege, derer sie bedurften, an seine zahllose Dienerschar, die beaufsichtigt, verköstigt und gekleidet werden mußte, an seine großen Gastmähler, zu denen er nicht zögerte, Könige und Königssöhne einzuladen, an den großen Ertrag seiner Herden, seiner Äcker, seiner Jagdreviere, seiner Bienenkörbe, seiner Hopfenpflanzungen, seiner Fischereien, der im Haupthause verwertet und bearbeitet werden mußte, kurzum an alles, was seine Frau zu verwalten gehabt hatte, und rief auf diese Weise ein recht beängstigendes Bild der großen Schwierigkeiten hervor, denen er nach ihrem Hinscheiden entgegenging.

Herr Eskil hörte mit der Ehrerbietung zu, die man einer Schwiegermutter schuldig ist, aber auch mit einem gewissen Bangen. Er fürchtete, all dies hätte zu bedeuten, daß Frau Rangela sich erbötig machen wollte, seine Hausvorsteherin auf Börtsholm zu werden, und er mußte sich sagen, daß diese alte Frau mit ihrem Doppelkinn und ihrer Hakennase, ihrer groben Stimme und ihrem bäurischen Gehaben keine erfreuliche Gesellschaft in seinem Hause sein würde.

»Lieber Herr Eskil«, fuhr Frau Rangela fort,

die sich möglicherweise der Wirkung ihrer Rede nicht unbewußt war. »Ich weiß, daß sich Euch nun Gelegenheit zu den allervorteilhaftesten Heiraten bietet, aber ich weiß auch, daß Ihr reich genug seid, mehr auf die Wohlfahrt Eurer Kinder zu sehen als auf Brautschatz und Erbe, und darum möchte ich Euch vorschlagen, eine der jungen Basen meiner Tochter zu ihrer Nachfolgerin zu wählen.«

Herrn Eskils Antlitz erhellte sich sichtlich, als er hörte, daß es eine junge Anverwandte war, die seine Schwiegermutter befürwortete, und diese fuhr mit gesteigerter Zuversicht fort, ihn zu überreden, sich mit ihres Bruders Sten Folkessons Tochter Lucia zu vermählen, die diesen Winter, am Luciatage, ihr achtzehntes Jahr vollendete. Sie war bisher bei den Frommen Frauen im Kloster Riseberga erzogen und daselbst nicht nur zu guten Sitten und strenger Gottesfurcht angehalten worden, sondern sie hatte auch in dem großen Klosterhaushalt gelernt, einem herrschaftlichen Hause vorzustehen. »Wenn ihr nicht Jugend und Armut hinderlich sind«, sagte Frau Rangela, »solltet Ihr sie wählen. Ich weiß, daß meine dahingegangene Tochter ihr leichten Herzens die Pflege ihrer Kinder anvertraut hätte. Sie braucht nicht aus dem Grabe zu ihren Kleinen zurückzukehren wie Frau Dyrit auf Oerehus, wenn Ihr ihnen ihre Base zur Stiefmutter gebt.«

Herr Eskil, der niemals Zeit hatte, an seine eigenen Angelegenheiten zu denken, empfand große Dankbarkeit gegen Frau Rangela, die ihm eine so passende Heirat vorschlug. Er erbat sich freilich ein paar Wochen Bedenkzeit, aber schon am zweiten Tage gab er Frau Rangela Vollmacht, für ihn zu unterhandeln. Und sobald es in Hinsicht der Ausrüstung, der Hochzeitsvorbereitungen und des Anstandes tunlich war, wurde die Hochzeit gefeiert, so daß die junge Frau ihren Einzug in Börtsholm zeitig im Vorfrühling hielt, einige Monate nachdem sie ihr achtzehntes Lebensjahr vollendet hatte.

Wenn Frau Rangela bedachte, welche Dankbarkeit diese ihre Bruderstochter ihr schuldig war, weil sie sie zur Frau auf einer so reichen und stattlichen Burg gemacht, kann man wohl sagen, daß sie größere Zuversicht empfand, als da noch ihre eigene Tochter da regierte. In ihrer Freude erhöhte sie die Abgaben an der Brücke noch um einiges und verbot es den Nachbarn strenge, den Wanderern im Boot über den Sund zu helfen, damit nur ja niemand sich der Steuer entzog.

Da geschah es nun an einem schönen Frühlingstag, als Frau Lucia einige Monate auf Börtsholm gewohnt hatte, daß ein Zug kranker Pilger, die auf dem Wege zur heiligen Dreifaltigkeitsquelle im Dorfe Sätra in Westmanland waren, über die Brücke gelassen zu werden verlangten. Diese Menschen, die ausgezogen waren, um ihre Gesundheit wiederzugewinnen, waren es gewohnt, daß die am Wege Wohnenden ihre Wanderung in jeder Weise erleichterten, und es widerfuhr ihnen weit öfter, daß sie Geld erhielten, als daß sie solches auszugeben brauchten.

Frau Rangelas Brückenwächter hatten jedoch strengen Befehl, keinerlei Nachsicht zu zeigen, am allerwenigsten gegen diese Art von Wanderern, die sie im Verdacht hatte, nicht so krank zu sein, als sie sich stellten, und aus reiner Faulheit im Lande herumzuziehen.

Als den Kranken nun die freie Überfahrt verweigert wurde, erhob sich unter ihnen ein Jammern sondergleichen. Die Lahmen und Verkrüppelten wiesen auf ihre verkrümmten Glieder und fragten, wie jemand so hartherzig sein könne, ihre Wanderschaft um einen ganzen Tagesmarsch zu verlängern, die Blinden fielen auf dem Wege auf die Knie und suchten sich zu den Brückenwächtern hinzutasten, um ihnen die Hände zu küssen, während einige der Verwandten und Freunde der Kranken, die ihnen unterwegs beistanden, ihre Taschen und Beutel vor den Augen der Wächter umkehrten, um zu zeigen, daß sie wirklich leer waren.

Aber die Knechte standen ganz ungerührt da, und die Verzweiflung der Armen kannte keine Grenzen, als zu ihrem Glück die Schloßfrau von Börtsholm in Gesellschaft ihrer Stiefkinder über die Bucht gerudert kam. Als sie den Lärm hörte, eilte sie herbei, und sowie sie erfahren hatte, um was es sich handelte, rief sie: »Nichts leichter, als dieser Sache abzuhelfen. Die Kinder gehen hier ein wenig ans Land und besuchen ihre Großmutter, Frau Rangela, und mittlerweile werde ich diese bresthaften Wanderer in meinem Boot über den Sund bringen.«

Die Wächter sowohl wie die Kinder, die wußten, daß mit Frau Rangela nicht zu spaßen war, wenn es sich um ihr teures Brückengeld handelte, suchten die junge Frau durch Mienen und Zeichen zu warnen, aber sie merkte nichts oder wollte vielleicht nichts merken. Denn diese junge Frau war in allem das Gegenteil ihrer Muhme, Frau Rangela. Schon seit ihrer frühesten Kindheit hatte sie die heiligkeitsgekrönte sizilianische Jungfrau Lucia, die ihre Schutzpatronin war, geliebt und verehrt und sie getreulich in ihrem Herzen getragen als ihr Vorbild. Dafür hatte die Heilige ihr ganzes Wesen mit Licht und Wärme durchdrungen; dies zeigte sich schon in ihrem Äußeren, das von schimmernder Durchsichtigkeit und Feinheit war, so daß man beinahe Angst hatte, daran zu rühren.

Unter vielen freundlichen Worten führte sie nun die Kranken über den Sund, und als der Letzte der Schar an dem ersehnten Ufer gelandet war, verließ sie sie, so überschüttet von Segenswünschen, daß, wenn derlei Gut so schwerwiegend sei, als es wertvoll ist, ihr Nachen auf den Grund gegangen wäre, ehe sie ihn noch über den Sund führen konnte.

Segnungen und gute Wünsche taten ihr auch sehr not, denn von Stund an begann ihre Muhme, Frau Rangela, zu befürchten, daß sie von ihrer Bruderstochter keine Unterstützung erwarten konnte, und sie bereute bitterlich, daß sie sie zu Herrn Eskils Gemahlin gemacht. Sie, die mit solcher Leichtigkeit die arme Jungfrau erhöht hatte, faßte den Entschluß, sie, ehe sie noch weiteren Schaden stiften konnte, aus ihrer hohen Stellung herabzureißen und sie in ihre frühere Unbemerktheit zurückzuversetzen.

Um ihrer Bruderstochter leichter etwas anhaben zu können, verbarg sie jedoch bis auf weiteres ihre bösen Absichten und besuchte sie recht oft in Börtsholm. Da tat sie ihr Bestes, solchen Unfrieden zwischen den Hausgenossen und der jungen Schloßfrau zu stiften, daß diese ihres Amtes vielleicht müde wurde. Aber zu ihrer großen Verwunderung mißlang ihr dies vollständig. Dies mochte zum Teil daher kommen, daß Frau Lucia es ungeachtet ihrer Jugend verstand, ihr Haus in trefflicher Ordnung zu halten, aber der eigentliche Grund war wohl der, daß Kinder wie Diener zu merken glaubten, daß die neue Hausfrau unter einer mächtigen himmlischen Schutzmacht stand, die ihre Widersacher strafte und all jenen, die ihr willig und gut dienten, unerwartete Vorteile verschaffte.

Frau Rangela merkte bald, daß sie hier nichts erreichen konnte, aber sie wollte die Hoffnung nicht aufgeben, bevor sie nicht auch einen Versuch mit Herrn Eskil gemacht hatte. Der weilte jedoch diesen Sommer meistens am Königshof, von langen und schwierigen Unterhandlungen festgehalten. Kam er einmal für ein paar Tage heim, so widmete er seine Zeit hauptsächlich den Vögten und Jägern. Den weiblichen Bewohnern von Börtsholm schenkte er nur zerstreute Aufmerksamkeit, und auch wenn Frau Rangela auf Besuch kam, hielt er sich fern, so daß es ihr niemals gelang, ihn unter vier Augen zu sprechen.

An einem schönen Sommertag, als Herr Eskil sich auf Börtsholm befand und gerade in seiner Stube im Gespräch mit seinem Stallvogt saß, widerhallte die Burg von so überlauten Schreien, daß er sein Gespräch mit dem Vogt unterbrach und hinauseilte, um zu sehen, was es gäbe.

Da fand er, daß seine Schwiegermutter, Frau Rangela, vor dem Burgtor zu Pferde saß und ärger kreischte als eine Horneule.

»Ach, Eure armen Kinder, Herr Eskil!« rief sie. »Sie sind in Seenot geraten. Sie kamen heute morgen an mein Ufer gerudert, aber auf dem Heimweg muß sich ihr Boot mit Wasser gefüllt haben. Ich sah von daheim, wie schlimm es ihnen erging, und bin schnurstracks hergeritten, um zu warnen. Ich sage auch, wenn schon Eure Frau meine eigene

Bruderstochter ist, es war schlecht von ihr, die Kinder allein in einem so morschen Boot fortzulassen. Das sieht in Wahrheit nach einem Stiefmutterstreich aus.«

Herr Eskil verschaffte sich mit einigen raschen Fragen Kenntnis, in welcher Richtung sich die Kinder befanden, und eilte dann, vom Vogte gefolgt, zur Bootsstelle hinunter. Aber sie waren noch nicht weit gekommen, als sie Frau Lucia mit der ganzen Kinderschar den steilen Pfad heraufkommen sahen, der vom See nach Börtsholm führte.

Die junge Burgfrau hatte die Kinder diesmal nicht auf ihrer Fahrt begleitet, sondern war daheim ihren Verrichtungen nachgegangen. Aber es war so, als hätte sie eine Warnung der mächtigen himmlischen Helferin erhalten, die über sie wachte, denn ganz plötzlich hatte sie die Burg verlassen, um nach ihnen zu suchen. Da hatte sie gesehen, wie sie durch Winken und Schreien Hilfe vom Ufer herbeizurufen suchten, sie war in ihrem eigenen Boot zu ihnen hinausgeeilt, und es war ihr im letzten Augenblick gelungen, sie aus dem sinkenden Fahrzeug in das ihre hinüberzuretten.

Als nun Frau Lucia und ihre Stiefkinder den Strandweg hinaufwanderten, war sie so darein vertieft, die Kinder auszufragen, wie sie in eine so arge Lage geraten waren, und diese so eifrig zu erzählen, daß sie gar nicht sahen, daß Herr Eskil ihnen entgegenkam. Aber er, der durch Frau Rangelas Worte von einem Stiefmutterstreich etwas nachdenklich geworden war, gab rasch seinem Vogt einen Wink und stellte sich mit ihm hinter einen der Heckenrosensträucher, die, groß und üppig, fast den ganzen Strandhügel bedeckten, auf dem Börtsholm gelegen war.

Da hörte Herr Eskil, wie die Kinder Frau Lucia auseinandersetzten, daß sie in einem guten Boote von daheim fortgefahren seien, aber indes sie bei Frau Rangela zu Gaste waren, war ihr Fahrzeug mit einem alten schlechten vertauscht worden. Sie hatten den Tausch erst bemerkt, als sie schon weit draußen auf dem See waren und das Wasser bereits von allen Seiten hereinzuströmen begann, und sicherlich wären sie umgekommen, wenn ihre liebe Frau Mutter ihnen nicht so schleunig zu Hilfe gekommen wäre.

Es sah aus, als dämmerte Frau Lucia eine Ahnung auf, wie es sich in Wahrheit mit dieser Vertauschung der Boote verhielt, denn sie blieb totenbleich mitten auf dem Abhang stehen, mit tränenden Augen, die Hände ans Herz gedrückt. Die Kinder drängten sich um sie, um sie zu trösten. Sie sagten ihr, daß sie ja der Gefahr heil entronnen waren, aber sie blieb kraftlos und regungslos.

Da legten die zwei ältesten der Stiefkinder, ein paar kräftige junge Knaben von vierzehn und fünfzehn Jahren, ihre Hände zu einer kleinen Bahre zusammen und trugen sie so die Anhöhe hinauf, während die jüngeren lachend und in die Hände klatschend nachfolgten.

Während die kleine Schar so zwischen blühenden Rosen im Triumph nach Börtsholm hinanzog, stand Herr Eskil recht versonnen da und blickte Weib und Kindern nach. Die junge Frau war ihm sehr hold und seltsam strahlend erschienen, als sie an ihm vorbeigetragen ward, und vielleicht wünschte er, daß Alter und Würde ihm gestattet hätten, sie in seine Arme zu nehmen und sie in seine Burg zu tragen.

Vielleicht auch, daß Herr Eskil in diesem Augenblick bedachte, wie wenig Glück und wieviel Mühsal er im Dienste der hohen Herrschaften hatte, während vielleicht Friede und Freude seiner hier am eigenen Herde harrte. Diesen Tag schloß er sich wenigstens nicht in seine Kammer ein, sondern verbrachte die Zeit damit, mit seiner Gemahlin zu plaudern und den Spielen der Kinder zuzusehen.

Frau Rangela hingegen sah all dies mit großem Mißbehagen und beeilte sich, Börtsholm so rasch zu verlassen, als es anstandshalber ging. Aber da niemand sie ernsthaft zu bezichtigen wagte, das Leben ihrer Enkelkinder aufs Spiel gesetzt zu haben, um Frau Lucia die Ungnade ihres Herrn und Gebieters zuzuziehen, so wurde der freundschaftliche Umgang nicht abgebrochen, und sie konnte sich wie bisher bemühen, die junge Burgfrau ihrer hohen Stellung zu berauben.

Lange genug sah es doch aus, als sollten alle Versuche der alten Frau mißlingen, denn Frau Lucias gutes Herz und ihr unantastbares Betragen machten sie im Verein mit der Hilfe ihrer himmlischen Schutzpatronin unverwundbar für alle Angriffe. Aber gegen Herbst ließ sich zu Frau Rangelas großer Freude ihre Bruderstochter auf ein Vorhaben ein, das Herr Eskil kaum umhin konnte zu mißbilligen.

Dieses Jahr war die Ernte auf Börtsholm so reichlich ausgefallen, daß sie die des vorigen Jahres, ja aller vorangegangenen Jahre, solange man zurückdenken konnte, bei weitem übertraf. Ebenso hatten sich Jagd und Fischerei mehr als doppelt so einträglich erwiesen als gewöhnlich. Die Bienenkörbe quollen von Honig und Wachs über, und die Hopfengärten strotzten von Hopfen. Die Kühe schenkten Milch im Überfluß, die Wolle der Schafe wurde lang wie Gras, und die Schweine fraßen sich so fett, daß sie sich kaum rühren konnten. Alle, die auf der Burg wohnten, merkten diesen reichen Segen, und sie zögerten nicht, zu sagen, daß er um Frau Lucias willen auf den Hof einströmte.

Aber während man nun auf Börtsholm eifrig damit beschäftigt war, alle Erträgnisse des Jahres zu bergen und zu verwerten, zeigte sich da eine große Menge notleidender Menschen, die alle vom östlichen oder nordöstlichen Ufer des großen Vänersees kamen. Sie schilderten mit vielen Tränen und kläglichen Gebärden, wie die ganze Gegend, aus der sie kamen, von einem Feindesheer heimgesucht war, das sengend, plündernd und mordend dahinzog. Die Kriegsknechte hatten solche Niedertracht an den Tag gelegt, daß sie sogar das Korn in Brand gesteckt, das noch ungeerntet auf dem Acker stand, und alle Viehherden mit sich fortgetrieben hatten. Die Menschen, die mit dem Leben davongekommen waren, gingen dem Winter ohne ein Dach über dem Kopf und ohne Lebensmittel entgegen. Einige waren auf den Bettel ausgezogen, andre hielten sich in den Wäldern verborgen, andre wieder wanderten auf den Brandstätten herum, unfähig, irgendeine Arbeit vorzunehmen, nur über alles wehklagend, was sie verloren hatten.

Als Frau Lucia diese Erzählungen hörte, quälte sie der Anblick all der Lebensmittel, die sich nun in Börtsholm anhäuften. Schließlich wurde der Gedanke an die hungernden Menschen auf der andern Seite des Sees in ihr so übermächtig, daß sie kaum einen Bissen Speise an die Lippen führen konnte.

Immerzu dachte sie an Erzählungen, die sie im Kloster gehört, von heiligen Männern und Frauen, die sich bis auf den bloßen Körper ausgeplündert hatten, um den Armen und Elenden zu helfen. Und vor allem erinnerte sie sich, wie ihre eigene Schutzpatronin, die heilige Lucia von Syrakus, in der Barmherzigkeit gegen einen heidnischen Jüngling, der sie um ihrer schönen Augen willen liebte, so weit gegangen war, daß sie ihre Augen aus den Höhlen gerissen und sie ihm blutig und erloschen geschenkt hatte, um ihn dadurch von seiner Liebe zu ihr zu heilen, die eine christliche Jungfrau war und ihm nicht angehören konnte. Die junge Frau quälte und ängstigte sich aufs höchste bei diesen Erinnerungen, und sie empfand große Verachtung vor sich selbst, daß sie von soviel Not hören konnte, ohne einen ernsten Versuch zu machen, ihr zu steuern.

Während sie noch von diesen Gedanken gequält wurde, kam Botschaft von Herrn Eskil, daß er in des Königs Auftrag eine Reise nach Norwegen machen mußte und nicht vor Weihnachten daheim erwartet werden konnte. Aber dann würde er nicht nur von seinen eigenen sechzig Mannen begleitet sein, sondern auch von einer großen Schar Verwandter und Freunde, weshalb er Frau Lucia bitten ließ, sich auf ein großes und lang andauerndes Gastmahl gefaßt zu machen.

Am selben Tag, an dem Frau Lucia so erfuhr, daß ihr Gatte im Herbst nicht heimkommen werde, ging sie daran, die Angst zu stillen, die sie nun schon so lange quälte. Sie ließ ihren Leuten befehlen, all die Lebensmittel, die in Börtsholm aufgespeichert waren, an den Strand hinunterzubringen. So wurde denn der ganze Wintervorrat der Burg auf Schuten und Kähne verladen, sicherlich zur Verwunderung aller Bewohner der Burg.

Als Keller und Vorratskammer gründlich geleert waren, begab sich Frau Lucia, von ihren Kindern, ihren Dienern und Dienerinnen gefolgt, an Bord eines wohlbemannten Schiffes, und während sie in Börtsholm nur einige alte Wächter zurückließ, denen sie die Obhut über die Burg anvertraute, ließ sie sich mit ihrer ganzen Ladung auf den großen See hinausrudern, der vor ihr lag, uferlos wie ein Meer.

Über diese Fahrt Frau Lucias finden sich viele alte Überlieferungen und Aufzeichnungen vor. So wird erzählt, daß der Teil des Vänerufers, an dem der Feind am schlimmsten gehaust hatte, bei ihrer Ankunft von seinen Einwohnern nahezu ganz verlassen war, Frau Lucia war ganz mutlos herangerudert und hatte nach irgendeinem Zeichen von Leben und Bewegung ausgespäht, aber kein Rauch war zum Himmel aufgestiegen, kein Hahn hatte gekräht, keine Kuh hatte gebrüllt.

Hier hauste doch noch in einem Kirchspiel ein alter Pfarrer, der Herr Kolbjörn genannt wurde. Er hatte nicht mit seinen Schäflein ziehen wollen, als diese aus ihren zerstörten Häusern flüchteten, weil er den Pfarrhof und die Kirche voll Kriegsverwundeter hatte. Er war bei diesen geblieben, hatte ihre Wunden verbunden und das Wenige, was er sein eigen nannte, unter sie verteilt, ohne sich selbst Nahrung oder Ruhe zu gönnen. Davon war er so ermattet, daß er sich dem Tode nahe fühlte. So hatte denn an einem der dunkelsten Herbsttage, als schwere Wolken sich über den See türmten, als das Wasser sich mit schwarzen Wogen heranwälzte und die Düsterkeit der Natur all die Hoffnungslosigkeit und Not noch steigerte, der arme Herr Kolbjörn, der keine Messe mehr zu lesen vermochte, versucht, den Strang der Kirchenglocke zu ziehen, um damit Gottes Segen auf seine Krankheit herabzurufen. Und sieh da! Kaum waren die ersten Glockentöne verklungen, als eine kleine Flotte, aus Schiffchen und Prahmen bestehend, ans Land gerudert kam. Und aus einem Schiffe stieg eine schöne junge Frau ans Land, mit einem Antlitz, das von Licht durchschimmert war. Vor ihr gingen acht herrliche Kinder, und hinter ihr kam eine lange Reihe von Dienern, die alle erdenklichen Lebensmittel trugen: ganze gebratene Kälber und Schafe, lange Spieße voll trockener Brotlaibe, Tonnen mit Dünnbier und Säcke voll Mehl. Hilfe war in letzter Stunde gekommen, gleichsam durch ein Wunder.

Nicht weit von Herrn Kolbjörns Kirche, auf einer Landzunge, die scharf in den See hinausschoß und Scherenspitze genannt wurde, hatte seit urdenklichen Zeiten ein alter Bauernhof gestanden. Er war nun niedergebrannt und ausgeplündert, aber der Besitzer, ein siebzigjähriger Mann, hatte solche Liebe zu dem Hof, daß er es nicht übers Herz bringen konnte, ihn zu verlassen. Bei ihm war seine alte Ehefrau geblieben, ein kleiner Enkel und eine Enkelin. Diese hatten eine Zeitlang durch Fischerei ihr Leben gefristet, aber eines Nachts hatte der Sturm ihre Gerätschaften zerstört, und seither saßen sie unter den Trümmern da und warteten auf den Hungertod. Während sie so harrten, mußte der Bauer an seinen Hund denken, der mitten unter ihnen lag, geduldig verschmachtend. Er ergriff einen Knüppel, und mit seinen letzten Kräften schlug er nach dem Hunde, um ihn zu vertreiben, denn er wollte nicht, daß das Tier für etwas sterbe, was es gar nichts anging. Aber bei dem Schlage heulte der Hund laut auf und lief davon. Die ganze Nacht strich er unablässig heulend um den Hof herum. Und man hörte ihn weit draußen auf dem See, und ehe noch der Tag anbrach, ruderte Frau Lucia, von dem Gebell geleitet, mit Rettung und Hilfe ans Land.

Noch weiter weg lag ein kleines, von Mauern umfriedetes Haus, wo heilige Frauen wohnten, die Gott gelobt hatten, es niemals zu verlassen. Gegen diese frommen Schwestern hatten die Kriegführenden soviel Rücksicht gezeigt, daß sie sie selbst und ihr Haus verschont hatten, aber ihren ganzen Wintervorrat hatten sie ihnen geraubt. Das einzige, was sie behalten durften, war ein Taubenschlag voll Tauben, und diese hatten sie eine nach der andern geschlachtet, bis nur mehr eine einzige übrig war. Aber diese Taube war sehr zahm, und die frommen Frauen hatten sie so lieb, daß sie ihr Leben nicht dadurch verlängern wollten, sie zu essen, sondern den Taubenschlag öffneten und ihr die Freiheit schenkten. Da stieg die weiße Taube zuerst hoch zum Himmel auf, dann schoß sie herab und setzte sich auf den Dachfirst. Aber als Frau Lucia am Ufer vorbeiruderte, nach jemandem ausspähend, der der Hilfe bedurfte, sah sie die Taube und sagte sich, daß, wo sie war, es auch noch Menschen geben mußte. Und sie landete und schenkte den frommen Frauen so viele Nahrungsmittel, als sie brauchten, um den Winter zu durchleben.

Noch weiter südwärts hatte am Vänerstrand ein kleiner Marktflecken gelegen, der ebenfalls eingeäschert und geplündert war. Einzig und allein die langen Pfahlbrücken, an denen die Schiffe in früheren Tagen anzulegen pflegten, standen noch da. Hier unter diesen Brücken hatte sich in den Tagen der Zerstörung ein Mann, der Krämer-Lasse genannt wurde, mit seiner Frau verborgen, und während das Kampfgetümmel über ihnen raste, hatte sie da ein Kind geboren. Aber seither war sie so schwer krank, daß sie nicht fliehen konnte, und der Mann war bei ihr geblieben. Nun war ihr Elend sehr groß, und tagtäglich bat die Frau den Mann, doch an sich selbst zu denken und sie ihrem Schicksal zu überlassen, aber er konnte sich nicht dazu entschließen, sondern weigerte sich. Da versuchte sie sich eines Nachts aus ihrem Schlupfwinkel zu erheben und sich mit dem Kinde ins Wasser hinabgleiten zu lassen, denn sie dachte, wenn sie einmal tot waren, würde er fliehen und so sein Leben retten. Aber das Kind schrie in dem kalten Wasser laut auf, und der Mann erwachte. Er brachte sie beide wieder ans Land, aber das Kind war so erschrocken, daß es die ganze Nacht hindurch schrie. Und das Geschrei drang übers Wasser und rief die redliche Helferin herbei, die suchend und harrend über den See ruderte.

Solange sie noch Gaben übrig hatte, fuhr Frau Lucia den Vänerstrand entlang, und es war ihr auf dieser Fahrt so froh und leicht ums Herz wie nie zuvor. Denn so wie es nichts Schwereres gibt, als still und untätig zu bleiben, wenn man von fremdem, schwerem Unglück erzählen hört, so bringt es jedem, der ihm auch nur im allergeringsten Maße abzuhelfen versucht, das größte Glück und süßeste Ruhe. Diese Erleichterung und Freude ohne die leiseste Ahnung, daß ihr etwas Böses bevorstehen könnte, empfand sie noch, als sie am Vortage des Luciatages zu recht später Abendstunde nach Börtsholm zurückkehrte. Bei der Abendmahlzeit, die aus nichts anderem bestand als einigen Humpen Milch, sprach sie mit ihren Reisegefährten von der schönen Fahrt, die sie gemacht hatten, und alle waren darin einig, daß sie nie freudvollere Tage erlebt hatten.

»Aber jetzt steht uns eine arbeitsame Zeit bevor«, fuhr sie fort. »Morgen dürfen wir den St. Luciatag nicht mit Essen und Trinken feiern wie in anderen Jahren. Wir müssen jetzt darangehen, ohne Unterlaß zu brauen, zu backen und zu schlachten, so daß wir den Weihnachtsschmaus zu Herrn Eskils Heimkehr fertig haben.«

Dies sagte die junge Frau ohne die mindeste Angst, denn sie wußte ja, daß ihre Viehställe und Scheuern und Vorratskammern von Gottes guten Gaben voll waren, wenn auch für den Augenblick nichts davon zu menschlicher Nahrung bereitet war.

So glücklich auch die Fahrt gewesen, waren doch alle Teilnehmer recht ermüdet und gingen zeitig zur Ruhe. Aber kaum hatte Frau Lucia ihre Augenlider zum Schlummer geschlossen, als vor der Burg Pferdegetrappel, Waffengeklirr und laute Rufe ertönten. Das Burgtor drehte sich knirschend in seinen Angeln, die Steine des Hofes wurden von eifrigen Füßen getreten. Sie begriff, daß Herr Eskil mit seiner Reiterschar heimgekehrt war. Frau Lucia sprang in aller Eile aus dem Bett, um ihm entgegenzugehen. Nachdem sie ihre Kleidung notdürftig geordnet, eilte sie auf den Altan hinaus, um die Treppe zu erreichen, die in den Burghof hinunterführte. Aber sie kam nicht weiter als bis zur obersten Stufe, denn Herr Eskil stand schon mitten auf der Treppe, auf dem Wege zu ihrer Kammer.

Ein Fackelträger ging ihm voraus, und in dem Lichtschein glaubte Frau Lucia zu sehen, daß Herrn Eskils Antlitz in furchtbarer Weise vom Zorn gezeichnet war. Einen Augenblick hoffte sie, daß nur der rote rauchgeschwärzte Fackelschein sein Gesicht so dunkel und drohend machte, aber als sie sah, wie Kinder und Diener mit kläglichen Mienen und niedergeschlagenen Blicken vor ihm zurückwichen, mußte sie sich sagen, daß ihr Mann sehr erzürnt heimgekommen war, bereit, Gericht zu halten und Strafe zu verhängen.

Während Frau Lucia so stand und auf Herrn Eskil hinuntersah, erblickte auch er sie, und mit steigender Angst merkte sie, wie sein Gesicht dabei von einem gezwungenen Lächeln verzerrt wurde. – »Kommt Ihr nun, holde Hausfrau, um mir eine Willkommensmahlzeit zu kredenzen?« höhnte er. »Aber diesmal habt Ihr Euch umsonst gemüht, denn ich und meine Mannen haben unser Abendmahl bei Eurer Muhme, Frau Rangela, eingenommen. Aber morgen«, fügte er hinzu, und hier übermannte ihn der Zorn, so daß er mit der Hand auf das Treppengeländer schlug, »erwarten wir, daß Ihr uns zu Ehren Eurer Schutzheiligen Sancta Lucia mit einem so guten Frühmahl bewirtet, als das Haus es vermag, auch dürft Ihr nicht vergessen, mir beim ersten Hahnenschrei meinen Morgentrunk vorzusetzen.«

Nicht ein Wort vermochte die junge Schloßfrau

zu erwidern. Gerade so wie im vorigen Sommer, als sie zum erstenmal ahnte, daß Frau Rangela Böses gegen sie im Schilde führte, blieb sie stehen, die Hände ans Herz gedrückt, mit tränenvollen Augen. Denn sie mußte sich ja sagen, daß es Frau Rangela war, die Herrn Eskil zur Unzeit heimgerufen und ihn gegen sie aufgereizt hatte, indem sie ihm erzählte, wie Frau Lucia mit seinem Hab und Gut umgegangen war.

Aber Herr Eskil ging noch ein paar Schritte die Treppe hinauf, und ohne sich von der Angst seiner Gattin im mindesten rühren zu lassen, beugte er sich zu ihr vor und sagte mit furchtbarer Stimme: »Bei unseres Heilands Kreuz, Frau Lucia, merkt es Euch wohl, wenn dieses Frühmahl mir nicht behagt, so werdet Ihr es all Euer Lebtag bereuen!«

Damit legte er die Hand schwer auf die Schulter seiner Frau und schob sie vor sich in das Schlafgemach.

Auf dieser Wanderung in die Schlafkammer dünkte es Frau Lucia, daß etwas, was ihr bis dahin in seltsamer Weise verborgen gewesen war, ihr mit einemmal offenbar wurde. Sie erkannte, daß sie eigenmächtig und gedankenlos gehandelt hatte und daß Herr Eskil wohl Grund haben mochte, ihr zu zürnen, daß sie, ohne ihn zu befragen, über sein Eigentum verfügt hatte. Sie versuchte auch jetzt, wo sie allein waren, ihm dies ruhig zu sagen und ihn zu bitten, ihre jugendliche Unbedachtsamkeit zu verzeihen, aber er ließ sie nicht zu Worte kommen. »Legt Euch nun zu Bett, Frau Lucia«, sagte er, »und hütet Euch wohl, vor der gewohnten Stunde aufzustehen! Wenn Euer Morgentrunk und Euer Willkommensmahl nicht zu meiner Zufriedenheit ausfallen, so werdet Ihr einen Weg zu laufen haben, zu dem Ihr alle Eure Kräfte brauchen könnt.«

An dieser Antwort mußte sie sich genügen lassen, obwohl sie ihre Furcht nur noch vermehrte, und man kann es wohl verstehen, daß in dieser ganzen Nacht kein Schlummer in ihre Augen kam. Sie lag da und vergegenwärtigte sich, was ihr Gatte gesagt hatte, und je mehr sie seine Worte überdachte, desto klarer wurde es ihr, daß er damit eine harte Drohung gegen sie ausgesprochen hatte. Sicherlich hatte er bei sich bestimmt, daß er sie nicht verurteilen wollte, ehe er nicht selbst erfahren, ob sie so schlecht gehandelt, wie Frau Rangela wohl behauptet hatte. Aber war sie nicht imstande, ihn zu bewirten, wie er es begehrte, dann war es zweifellos, daß eine schreckliche Strafe ihrer harrte. Das Geringste war wohl, daß sie unwürdig erklärt wurde, länger seine Gemahlin zu sein, und zu ihren Eltern heimgeschickt wurde; aber aus den letzten Worten, die er geäußert, glaubte sie zu entnehmen, daß er sie obendrein dazu verurteilen wollte, zwischen seinen Knechten Spießruten zu laufen wie eine gemeine Diebin.

Als sie zu der Überzeugung gelangt war, daß es sich so verhielt, was auch wirklich der Fall war, denn Frau Rangela hatte Herrn Eskil zu wahnsinniger Wut aufgestachelt, begann Frau Lucia zu zittern, ihre Zähne schlugen aufeinander, und sie glaubte sich dem Tode nahe. Sie wußte, daß sie die Stunden der Nacht dazu verwenden mußte, Hilfe und Auswege zu finden, aber ihr großes Entsetzen lähmte sie, so daß sie regungslos liegenblieb. Wie sollte es nur möglich sein, bis zum nächsten Morgen meinen Herrn und seine sechzig Mann zu speisen? dachte sie in ihrer Hoffnungslosigkeit. Da kann ich ebensogut still liegen und warten, bis das Unglück über mich hereinbricht.

Das einzige, was sie zu ihrer Rettung zu tun vermochte, war, Stunde für Stunde brennende Gebete zu Sancta Lucia von Syrakus emporzusenden. »O Sancta Lucia, meine teure Schutzpatronin«, bat sie, »morgen ist der Tag, an dem du den Märtyrertod erlittest und in das himmlische Paradies eingingst. Entsinne dich, wie dunkel und hart und kalt es ist, auf Erden zu leben. Komm zu mir in dieser Nacht und führe mich mit dir von hinnen! Komm und schließe meine Augen im Schlummer des Todes. Du weißt, daß dies mein einziger Ausweg ist, um Entehrung und schimpflicher Strafe zu entrinnen.«

Während sie so die Hilfe der heiligen Lucia anrief, vergingen die Stunden der Nacht, und der gefürchtete Morgen näherte sich. Viel früher, als sie es erwartet, ertönte der erste Hahnenschrei; die Knechte, die das Vieh zu versorgen hatten, wanderten über den Burghof zu ihren Verrichtungen, und die Pferde richteten sich lärmend in ihren Ställen auf.

Jetzt erwacht auch Herr Eskil, dachte sie. Gleich wird er mir befehlen, seinen Morgentrunk zu holen, und dann muß ich eingestehen, daß ich so töricht gehandelt habe, daß ich weder Eier noch Met besitze, den ich ihm wärmen kann.

In diesem Augenblick der höchsten Gefahr für die junge Burgfrau konnte ihre himmlische Freundin, die heilige Lucia, die sich wohl sagen mußte, daß ihr Schützling nur aus allzu großer Barmherzigkeit gefehlt hatte, nicht länger ihrer Lust widerstehen, ihr beizuspringen. Der irdische Leib der Heiligen, der Hunderte von Jahren in der engen Grabkammer in Syrakusas Katakomben geruht hatte, erfüllte sich mit einem Male mit lebendigem Geist, nahm seine Schönheit und den Gebrauch seiner Glieder wieder an, hüllte sich in ein Kleid, aus Sternenlicht gewoben, und begab sich wiederum in jene Welt hinaus, wo sie einst gelitten und geliebt hatte.

Und nur wenige Augenblicke später sah der verdutzte Wächter im Pförtnerturm zu Börtsholm, wie ein nächtliches Wunder, eine Feuerkugel, ganz weit im Süden auftauchte. Sie durchschnitt die Luft so rasch, daß das Auge dem Fluge nicht folgen konnte, kam gerade auf Börtsholm zu, flog so nahe an dem Wächter vorbei, daß sie ihn fast streifte, und war verschwunden. Aber auf diesem Feuerball, so wollte es zum mindesten den Wächter bedünken, schwebte eine schöne Jungfrau so, daß sie sich mit den Zehenspitzen darauf stützte, während sie die Arme hoch erhoben hielt und sich gleichsam gaukelnd und tanzend des glühenden Nachens bediente.

Nahezu im selben Augenblick sah die in Angst und Beben wachende Frau Lucia einen Schimmer durch eine Türspalte der Schlafkammer dringen. Und als sich gleich darauf die Tür auftat, trat zu ihrer Verwunderung und Freude eine schöne Jungfrau in Gewändern so weiß wie Sternenlicht in das Gemach. Ihr langes schwarzes Haar war mit einer Pflanzenranke gebunden, aber an dieser Ranke saßen nicht gewöhnliche Blätter und Blumen, sondern blinkende Sternlein. Diese Sternlein erhellten die ganze Kammer, und doch dünkte es Frau Lucia, daß sie ein Nichts waren gegen die Augen der holden Fremden, die nicht nur in dem klarsten Glanze schimmerten, sondern auch himmlische Liebe und Barmherzigkeit ausstrahlten.

In der Hand trug die fremde Jungfrau eine große Kupferkanne, aus der ein milder Duft von edlem Traubensaft drang, und mit dieser schwebte sie durch die Kammer zu Herrn Eskil hin, goß von dem Weine in eine kleinere Schale und bot ihm zu trinken.

Herr Eskil, der gut geschlafen hatte, erwachte, als der Lichtschein auf seine Augenlider fiel, und führte die Schale an seine Lippen. In dem halbwachen Zustand, in dem er sich befand, erfaßte er kaum mehr von dem Wunder, als daß der Wein, der ihm kredenzt wurde, sehr wohlschmeckend war, und leerte die Schale bis auf den letzten Tropfen.

Aber dieser Wein, der kaum etwas andres sein konnte als der edle Malvasier, der Ruhm des Südens und aller Weine Krone, war so schlafbringend, daß er kaum die Schale niedergestellt hatte, als er schon schlafend in sein Bett zurücksank. Und im selben Augenblick schwebte die schöne heilige Jungfrau aus dem Zimmer, Frau Lucia in einem Zustand bebender Verwunderung und neuerwachter Hoffnung zurücklassend.

Die lichte Helferin begnügte sich aber nicht damit, nur Herrn Eskil zu bewirten. An dem dunklen kalten Wintermorgen durchwanderte sie die düsteren Säle der schwedischen Burg, und jedem der schlummernden Kriegsknechte bot sie eine Schale des freudenbringenden Weins aus dem Süden.

Alle, die ihn tranken, dünkte es, daß sie himmlische Wollust gekostet hatten. Sie säumten auch nicht, sofort in einen Schlummer zu versinken, von

Träumen von Gefilden erfüllt, wo ewiger Sommer und ewige Sonne herrschten.

Aber kaum hatte Frau Lucia die holde Erscheinung verschwinden gesehen, als die Angst und die Ohnmacht, die sie die ganze Nacht bedrückt hatten, ganz und gar von ihr wichen. Sie legte rasch ihre Kleider an und rief dann alle Hausgenossen zur Arbeit.

Den langen Wintermorgen waren diese alle damit beschäftigt, Herrn Eskils Willkommensmahl zu bereiten. Junge Kälber, Ferkel, Gänse und Hühner mußten in aller Eile ihr Leben lassen, Teige wurden geknetet, Feuer unter den Bratspießen und in den Backöfen entzündet, Kohl wurde geschmort, Rüben geschält und Honigkuchen zum Nachtisch gebacken.

Die Tische im Bankettsaal wurden mit Tüchern bedeckt, die teueren Wachskerzen aus den tiefen Truhen ausgepackt, und auf die Bänke wurden blaue Federpolster und Gewebe gebreitet.

Während all dieser Vorbereitungen schliefen der Burgherr und seine Mannen weiter. Als Herr Eskil endlich erwachte, sah er an dem Stand der Sonne, daß die Mittagsstunde angebrochen war. Er verwunderte sich nicht nur über seinen langen Schlummer, sondern vielleicht noch mehr darüber, daß er den Verdruß verschlafen hatte, der ihn am vorigen Abend gequält. Seine Frau hatte sich ihm in seinen Morgenträumen in großer Sanftmut und Holdseligkeit gezeigt, und er wunderte sich nun über sich selbst, daß er sich versucht gefühlt hatte, sie zu einer harten schimpflichen Strafe zu verurteilen.

Vielleicht steht es doch nicht so schlimm, wie Frau Rangela mir vorgespiegelt hat, dachte er. Freilich kann ich sie nicht als meine Gemahlin behalten, wenn sie mein Hab und Gut vergeudet hat, aber es mag genügen, sie ohne weitere Strafe zu ihren Eltern heimzuschicken.

Als er aus seiner Kammer trat, empfingen ihn seine acht Kinder, die ihn in den Bankettsaal führten. Da saßen seine Mannen schon auf den Bänken und warteten ungeduldig auf sein Erscheinen, um die Mahlzeit in Angriff nehmen zu können. Denn die Tische vor ihnen bogen sich unter allen erdenklichen Speisen.

Frau Lucia setzte sich, ohne irgendwelche Angst zu zeigen, an die Seite ihres Mannes; doch war sie nicht von aller Unruhe befreit, denn wenn sie auch in aller Eile eine Mahlzeit hatte zurüsten können, war sie doch ganz ohne Bier und Met, die sich nicht so rasch herstellen ließen. Und sie war sehr im Zweifel, ob Herr Eskil sich bei einem Frühmahl, bei dem es an Getränken fehlte, wohlverpflegt fühlen würde.

Aber da gewahrte sie auf dem Tisch vor sich die große Kupferkanne, die die heilige Jungfrau getragen hatte. Die stand da, bis an den Rand mit duftendem Wein gefüllt. Wieder fühlte sie innige

Freude über den Schutz der barmherzigen Heiligen, und sie bot Herrn Eskil von dem Weine, während sie ihm erzählte, wie er nach Börtsholm gekommen war, was Herr Eskil mit der allergrößten Verwunderung vernahm.

Als Herr Eskil ein paarmal von dem Weine gekostet hatte, der aber diesmal nicht einschläfernd, sondern nur belebend und veredelnd wirkte, faßte Frau Lucia wieder Mut und erzählte ihm von ihrer Fahrt. Anfangs saß Herr Eskil sehr ernst da, aber als sie von dem Pfarrer, Herrn Kolbjörn, zu erzählen anfing, da rief er: »Herr Kolbjörn ist mir ein treuer Freund, Frau Lucia. Ich bin von Herzen froh, daß Ihr ihm beistehen konntet.«

In gleicher Weise stellte es sich heraus, daß der Großbauer auf der Schereninsel Herrn Eskils Kamerad in vielen Feldzügen gewesen, daß unter den frommen Frauen sich eine seiner Basen befunden hatte und daß Krämer-Lasse im Marktflecken ihm Kleider und Waffen aus dem Auslande zu verschaffen pflegte. Ehe noch Frau Lucia zu Ende gesprochen, war Herr Eskil nicht nur bereit, ihr zu verzeihen, sondern er war ihr von Herzen dankbar, weil sie so vielen seiner Freunde geholfen hatte.

Aber die Angst, die Frau Lucia in der Nacht durchgemacht hatte, drang noch einmal auf sie ein, und sie hatte Tränen in der Stimme, als sie endlich sagte: »Nun dünkt es mich selbst, lieber Herr, daß ich sehr übel daran getan, ohne Euch um Erlaubnis zu fragen, Euer Eigentum zu verschenken. Aber ich bitte Euch, meine große Jugend und Unerfahrenheit zu bedenken und mir um dessentwillen zu vergeben.«

Als Frau Lucia so sprach und Herr Eskil sich nun bewußt wurde, daß seiner Frau so große Frömmigkeit eigen war, daß eine der Bewohnerinnen des Himmels ihre irdische Gestalt wieder angenommen hatte, um ihr zu Hilfe zu eilen, und als er ferner bedachte, wie er, der für einen weisen, weitblickenden Mann gelten wollte, sie verdächtigt hatte und nahe daran gewesen war, seinen Zorn über sie zu ergießen, da empfand er so heftige Scham, daß er die Augen niederschlug und nicht imstande war, ihr mit einer Silbe zu antworten.

Als Frau Lucia ihn stumm mit gesenktem Kopfe sitzen sah, kehrte ihre Angst wieder, und sie wäre am liebsten weinend von ihrem Platz geflüchtet. Aber da kam, ungesehen von allen, die barmherzige heilige Lucia in den Saal, schmiegte sich an die junge Frau und flüsterte ihr ins Ohr, was sie weiter sagen sollte. Und diese Worte waren gerade die, welche Frau Lucia auszusprechen gewünscht hatte, aber ohne die himmlische Ermutigung hätte sie sich in ihrer Schüchternheit wohl nie dazu entschlossen.

»Noch um *eines* will ich Euch bitten, mein teurer Herr und Gemahl«, sagte sie, »und das wäre, daß

Ihr mehr daheim weilen möget. Dann würde ich nie in die Versuchung kommen, gegen Euren Willen zu handeln, auch könnte ich Euch dann all die Liebe zeigen, die ich für Euch fühle, so daß sich niemand zwischen Euch und mich zu drängen vermöchte.«

Als diese Worte gesagt waren, merkten alle, daß sie höchlich nach Herrn Eskils Sinn waren. Er erhob den Kopf, und die große Freude, die er fühlte, verjagte seine Scham.

Eben wollte er seiner Frau die liebreichste Antwort geben, als einer von Frau Rangelas Vögten in den Bankettsaal gestürzt kam. Er erzählte mit hastigen Worten, daß Frau Rangela zu früher Morgenstunde nach Börtsholm aufgebrochen war, um zu Frau Lucias Bestrafung zurechtzukommen. Aber unterwegs war sie etlichen Bauern begegnet, die sie schon lange des Brückengeldes wegen haßten, und als diese sie in nächtlicher Dunkelheit trafen, von einem einzigen Diener begleitet, hatten sie zuerst diesen in die Flucht gejagt, dann hatten sie Frau Rangela vom Pferde gerissen und sie jämmerlich ermordet.

Nun war Frau Rangelas Vogt auf der Suche nach den Mördern, und er begehrte, daß auch Herr Eskil Mannen aussende, um sich an der Suche zu beteiligen.

Aber da erhob sich Herr Eskil und sprach mit strenger lauter Stimme: »Es mag den Anschein haben, als wäre es am schicklichsten, daß ich nun meiner Frau auf ihre Bitten Antwort gäbe, aber ehe ich dies tue, will ich zuerst mit Frau Rangela fertig sein. Und nun sage ich, meinethalben mag sie immerhin ungerächt daliegen, und nimmermehr will ich meine Diener aussenden, um Bluthandwerk um ihretwillen zu üben, denn ich glaube sicherlich, sie ist über ihre Taten gefallen.«

Als dies gesagt war, wandte er sich Frau Lucia zu, und nun war seine Stimme so mild, daß man kaum glauben konnte, daß ein solcher Ton in seiner Kehle wohne.

»Aber meiner lieben Hausfrau will ich nun sagen, daß ich ihr von Herzen gern verzeihe, ebenso wie ich hoffe, daß sie meine Heftigkeit entschuldigen möge. Und da es ihr Wunsch ist, werde ich den König bitten, daß er einen andern als mich zu seinem Ratgeber wählen möge, denn ich will nun in den Dienst zweier edler Damen treten. Die eine davon ist meine Gattin, die andre die heilige Lucia von Syrakus, der ich in all den Kirchen und Kapellen, die ich auf meinen Gütern habe, Altäre errichten will, sie bittend, daß sie bei uns, die wir in der Kälte des Nordens schmachten, jenen Funken und Leitstern der Seele brennend erhalten möge, der da heißt Barmherzigkeit.«

Am dreizehnten Dezember zu früher Morgenstunde, wenn Kälte und Finsternis Gewalt über Wermland hatten, kehrte noch in meiner Kindheit die heilige Lucia von Syrakus in allen Häusern ein, die zwischen den Bergen Norwegens und dem Gullspangålf zerstreut lagen. Sie trug noch, wenigstens in den Augen der Kinder, ein Kleid weiß von Sternenlicht, sie hatte im Haar einen grünen Kranz mit brennenden Lichterblumen, und sie weckte stets die Schlummernden mit einem warmen, duftenden Trunk aus ihrer Kupferkanne.

Nie sah ich zu jener Zeit ein herrlicheres Bild, als wenn die Tür sich auftat und sie in das Dunkel der Kammer trat. Und ich wünschte, daß sie nie aufhörte, sich in den Heimstätten Wermlands zu zeigen. Denn sie ist das Licht, das die Dunkelheit bezwingt, sie ist die Legende, die die Vergessenheit überwindet, sie ist die Herzenswärme, die vereiste Gefilde mitten im harten Winter lieblich und sonnig macht.

Die Heilige Nacht

Als ich fünf Jahre alt war, hatte ich einen großen Kummer. Ich weiß kaum, ob ich seitdem einen größeren gehabt habe. Das war, als meine Großmutter starb. Bis dahin hatte sie jeden Tag auf dem Ecksofa in ihrer Stube gesessen und Märchen erzählt. Ich weiß es nicht anders, als daß Großmutter dasaß und erzählte, vom Morgen bis zum Abend, und wir Kinder saßen still neben ihr und hörten zu. Das war ein herrliches Leben. Es gab keine Kinder, denen es so gut ging wie uns.

Ich erinnere mich nicht an sehr viel von meiner Großmutter. Ich erinnere mich, daß sie schönes, kreideweißes Haar hatte und daß sie sehr gebückt ging und daß sie immer dasaß und an einem Strumpf strickte.

Dann erinnere ich mich auch, daß sie, wenn sie ein Märchen erzählt hatte, ihre Hand auf meinen Kopf zu legen pflegte, und dann sagte sie: »Und das alles ist so wahr, wie daß ich dich sehe und du mich siehst.«

Ich entsinne mich auch, daß sie schöne Lieder singen konnte, aber das tat sie nicht alle Tage. Eines dieser Lieder handelte von einem Ritter und einer Meerjungfrau, und es hatte den Kehrreim: »Es weht so kalt, es weht so kalt, wohl über die weite See.«

Dann entsinne ich mich eines kleinen Gebets, das sie mich lehrte, und eines Psalmverses.

Von allen den Geschichten, die sie mir erzählte, habe ich nur eine schwache, unklare Erinnerung. Nur an eine einzige von ihnen erinnere ich mich so gut, daß ich sie erzählen könnte. Es ist eine kleine Geschichte von Jesu Geburt.

Seht, das ist beinahe alles, was ich noch von meiner Großmutter weiß, außer dem, woran ich mich am besten erinnere, nämlich dem großen Schmerz, als sie dahinging.

Ich erinnere mich an den Morgen, an dem das Ecksofa leer stand und es unmöglich war, zu begreifen, wie die Stunden des Tages zu Ende gehen sollten. Daran erinnere ich mich. Das vergesse ich nie.

Und ich erinnere mich, daß wir Kinder hingeführt wurden, um die Hand der Toten zu küssen. Und wir hatten Angst, es zu tun, aber da sagte uns jemand, daß wir nun zum letztenmal Großmutter für alle die Freude danken könnten, die sie uns gebracht hatte. Und ich erinnere mich, wie Märchen und Lieder vom Hause wegfuhren, in einen langen schwarzen Sarg gepackt, und niemals wiederkamen.

Ich erinnere mich, daß etwas aus dem Leben verschwunden war. Es war, als hätte sich die Tür zu einer ganzen schönen, verzauberten Welt geschlossen, in der wir früher frei aus und ein gehen durften. Und nun gab es niemand mehr, der sich darauf verstand, diese Tür zu öffnen.

Und ich erinnere mich, daß wir Kinder so allmählich lernten, mit Spielzeug und Puppen zu spielen und zu leben wie andere Kinder auch, und da konnte es ja den Anschein haben, als vermißten wir Großmutter nicht mehr, als erinnerten wir uns nicht mehr an sie.

Aber noch heute, nach vierzig Jahren, wie ich da sitze und die Legenden über Christus sammle, die ich drüben im Morgenland gehört habe, wacht die kleine Geschichte von Jesu Geburt, die meine Großmutter zu erzählen pflegte, in mir auf. Und ich bekomme Lust, sie noch einmal zu erzählen und sie auch in meine Sammlung mit aufzunehmen.

Es war an einem Weihnachtstag, alle waren zur Kirche gefahren, außer Großmutter und mir. Ich glaube, wir beide waren im ganzen Hause allein. Wir hatten nicht mitfahren können, weil die eine zu jung und die andere zu alt war. Und alle beide waren wir betrübt, daß wir nicht zum Mettegesang fahren und die Weihnachtslichter sehen konnten.

Aber wie wir so in unserer Einsamkeit saßen, fing Großmutter zu erzählen an.

»Es war einmal ein Mann«, sagte sie, »der in die dunkle Nacht hinausging, um sich Feuer zu leihen. Er ging von Haus zu Haus und klopfte an. ›Ihr lieben Leute, helft mir!‹ sagte er. ›Mein Weib hat eben ein Kindlein geboren, und ich muß Feuer anzünden, um es und den Kleinen zu erwärmen.‹

Aber es war tiefe Nacht, so daß alle Menschen schliefen, und niemand antwortete ihm.

Der Mann ging und ging. Endlich erblickte er in weiter Ferne einen Feuerschein. Da wanderte er dieser Richtung zu und sah, daß das Feuer im Freien brannte. Eine Menge weißer Schafe lag rings um das Feuer und schlief, und ein alter Hirt wachte über der Herde. Als der Mann, der Feuer leihen wollte, zu den Schafen kam, sah er, daß drei große Hunde zu Füßen des Hirten ruhten und schliefen. Sie erwachten alle drei bei seinem Kommen und sperrten ihre weiten Rachen auf, als ob sie bellen wollten, aber man vernahm keinen Laut. Der Mann sah, daß sich die Haare auf ihrem Rücken sträubten, er sah, wie ihre scharfen Zähne funkelnd weiß im Feuerschein leuchteten, und wie sie auf ihn losstürzten. Er fühlte, daß einer nach seiner Hand und daß einer sich an seine Kehle hängte. Aber die Kinnladen und die Zähne, mit denen die Hunde beißen wollten, gehorchten ihnen nicht, und der Mann litt nicht den kleinsten Schaden.

Nun wollte der Mann weitergehen, um das zu finden, was er brauchte. Aber die Schafe lagen so dicht nebeneinander, Rücken an Rücken, daß er nicht vorwärts kommen konnte. Da stieg der Mann auf die Rücken der Tiere und wanderte über sie hin dem Feuer zu. Und keins von den Tieren wachte auf oder regte sich.«

Soweit hatte Großmutter ungestört erzählen können, aber nun konnte ich es nicht lassen, sie zu unterbrechen. »Warum regten sie sich nicht, Großmutter?« fragte ich.

»Das wirst du nach einem Weilchen schon erfahren«, sagte Großmutter und fuhr mit ihrer Geschichte fort. »Als der Mann fast beim Feuer angelangt war, sah der Hirt auf. Es war ein alter, mürrischer Mann, der unwirsch und hart gegen alle Menschen war. Und als er einen Fremden kommen sah, griff er nach seinem langen, spitzigen Stabe, den er in der Hand zu halten pflegte, wenn er seine Herde hütete, und warf ihn nach ihm. Und der Stab fuhr zischend gerade auf den Mann los, aber ehe er ihn traf, wich er zur Seite und sauste, an ihm vorbei, weit über das Feld.«

Als Großmutter soweit gekommen war, unterbrach ich sie abermals. »Großmutter, warum wollte der Stock den Mann nicht schlagen?« Aber Großmutter ließ es sich nicht einfallen, mir zu antworten, sondern fuhr mit ihrer Erzählung fort.

»Nun kam der Mann zu dem Hirten und sagte zu ihm: ›Guter Freund, hilf mir und leih mir ein wenig Feuer. Mein Weib hat eben ein Kindlein geboren, und ich muß Feuer machen, um es und den Kleinen zu erwärmen.‹ Der Hirt hätte am liebsten nein gesagt, aber als er daran dachte, daß die Hunde dem Manne nicht hatten schaden können, daß die Schafe nicht vor ihm davongelaufen waren und daß sein Stab ihn nicht fällen wollte, da wurde ihm ein wenig bange, und er wagte es nicht, dem Fremden das abzuschlagen, was er begehrte. ›Nimm, soviel du brauchst‹, sagte er zu dem Manne.

Aber das Feuer war beinahe ausgebrannt. Es waren keine Scheite und Zweige mehr übrig, sondern nur ein großer Gluthaufen, und der Fremde hatte weder Schaufel noch Eimer, worin er die roten Kohlen hätte tragen können.

Als der Hirt dies sah, sagte er abermals: ›Nimm, soviel du brauchst!‹ Und er freute sich, daß der Mann kein Feuer wegtragen konnte. Aber der Mann beugte sich hinunter, holte die Kohlen mit bloßen Händen aus der Asche und legte sie in seinen Mantel. Und weder versengten die Kohlen seine Hände, als er sie berührte, noch versengten sie seinen Mantel, sondern der Mann trug sie fort, als wenn es Nüsse oder Äpfel gewesen wären.«

Aber hier wurde die Märchenerzählerin zum drittenmal unterbrochen. »Großmutter, warum wollte die Kohle den Mann nicht brennen?«

»Das wirst du schon hören«, sagte Großmutter, und dann erzählte sie weiter.

»Als dieser Hirt, der ein so böser, mürrischer Mann war, dies alles sah, begann er sich bei sich selbst zu wundern: ›Was kann dies für eine Nacht sein, wo die Hunde die Schafe nicht beißen, die Schafe nicht erschrecken, die Lanze nicht tötet und das Feuer nicht brennt?‹ Er rief den Fremden zurück und sagte zu ihm: ›Was ist dies für eine Nacht? Und woher kommt es, daß alle Dinge dir Barmherzigkeit zeigen?‹

Da sagte der Mann: ›Ich kann es dir nicht sagen, wenn du selber es nicht siehst.‹ Und er wollte seiner Wege gehen, um bald ein Feuer anzünden und Weib und Kind wärmen zu können.

Aber da dachte der Hirt, er wolle den Mann nicht ganz aus dem Gesicht verlieren, bevor er erfahren hätte, was dies alles bedeute. Er stand auf und ging ihm nach, bis er dorthin kam, wo der Fremde daheim war. Da sah der Hirt, daß der Mann nicht einmal eine Hütte hatte, um darin zu wohnen, sondern er hatte sein Weib und sein Kind in einer Berggrotte liegen, wo es nichts gab als nackte, kalte Steinwände.

Aber der Hirt dachte, daß das arme unschuldige Kindlein vielleicht dort in der Grotte erfrieren würde, und obgleich er ein harter Mann war, wurde er davon doch ergriffen und beschloß, dem Kinde zu helfen. Und er löste sein Ränzel von der Schulter und nahm daraus ein weiches, weißes Schaffell hervor. Das gab er dem fremden Manne und sagte, er möge das Kind darauf betten.

Aber in demselben Augenblick, in dem er zeigte, daß auch er barmherzig sein konnte, wurden ihm die Augen geöffnet, und er sah, was er vorher nicht hatte sehen, und hörte, was er vorher nicht hatte hören können.

Er sah, daß rund um ihn ein dichter Kreis von kleinen, silberbeflügelten Englein stand. Und jedes von ihnen hielt ein Saitenspiel in der Hand, und alle sangen sie mit lauter Stimme, daß in dieser Nacht der Heiland geboren wäre, der die Welt von ihren Sünden erlösen solle.

Da begriff er, warum in dieser Nacht alle Dinge so froh waren, daß sie niemand etwas zuleide tun wollten. Und nicht nur rings um den Hirten waren Engel, sondern er sah sie überall. Sie saßen in der Grotte, und sie saßen auf dem Berge, und sie flogen unter dem Himmel. Sie kamen in großen Scharen über den Weg gegangen, und wie sie vorbeikamen, blieben sie stehen und warfen einen Blick auf das Kind.

Es herrschte eitel Jubel und Freude und Singen und Spiel, und das alles sah er in der dunklen Nacht, in der er früher nichts zu gewahren vermocht hatte. Und er wurde so froh, daß seine Augen geöffnet waren, daß er auf die Knie fiel und Gott dankte.«

Aber als Großmutter soweit gekommen war, seufzte sie und sagte: »Aber was der Hirte sah, das könnten wir auch sehen, denn die Engel fliegen in jeder Weihnachtsnacht unter dem Himmel, wenn wir sie nur zu gewahren vermögen.«

Und dann legte Großmutter ihre Hand auf meinen Kopf und sagte: »Dies sollst du dir merken, denn es ist so wahr, wie daß ich dich sehe und du mich siehst. Nicht auf Lichter und Lampen kommt es an und es liegt nicht an Mond und Sonne, sondern was not tut, ist, daß wir Augen haben, die Gottes Herrlichkeit sehen können.«

Die Vision des Kaisers

Es war zu der Zeit, da Augustus Kaiser in Rom war und Herodes König in Jerusalem.

Da geschah es einmal, daß eine sehr große und heilige Nacht sich auf die Erde herabsenkte. Es war die dunkelste Nacht, die man noch je gesehen hatte; man hätte glauben können, die ganze Erde sei unter ein Kellergewölbe geraten. Es war unmöglich, Wasser von Land zu unterscheiden, und man konnte sich auf dem vertrautesten Wege nicht zurechtfinden. Und dies konnte nicht anders sein, denn vom Himmel kam kein Lichtstrahl. Alle Sterne waren daheim in ihren Häusern geblieben, und der Mond hielt sein Gesicht abgewendet.

Und ebenso tief wie die Dunkelheit war auch das Schweigen und die Stille. Die Flüsse hatten in ihrem Laufe innegehalten, kein Lüftchen regte sich, und selbst das Espenlaub hatte zu zittern aufgehört. Wäre man dem Meere entlanggegangen, so hätte man gefunden, daß die Welle nicht mehr an den Strand schlug, und wäre man durch die Wüste gewandert, so hätte der Sand nicht unter dem Fuße geknirscht. Alles war versteinert und regungslos, um nicht die heilige Nacht zu stören. Das Gras vermaß sich nicht zu wachsen, der Tau konnte nicht fallen, und die Blumen wagten nicht, Wohlgeruch auszuhauchen.

In dieser Nacht jagten die Raubtiere nicht, bissen die Schlangen nicht, bellten die Hunde nicht. Und was noch herrlicher war, keins von den leblosen Dingen hätte die Weihe der Nacht dadurch stören wollen, daß es sich zu einer bösen Tat hergab. Kein Dietrich hätte ein Schloß öffnen können, und kein Messer wäre imstande gewesen, Blut zu vergießen.

Eben in dieser Nacht trat in Rom ein kleines Häuflein Menschen aus den kaiserlichen Gemächern auf den Palatin und nahm seinen Weg über das Forum hinauf zum Kapitol. An dem eben zur Neige gegangenen Tage hatten nämlich die Räte den Kaiser gefragt, ob er etwas dagegen einzuwenden habe, daß sie ihm auf Roms heiligem Berge einen Tempel errichteten. Aber Augustus hatte nicht sogleich seine Zustimmung gegeben. Er wußte nicht, ob es den Göttern wohlgefällig wäre, daß er einen Tempel neben dem ihren besäße, und er hatte geantwortet, daß er erst seinem Schutzgeist ein nächtliches Opfer bringen wolle, um dadurch ihren Willen in dieser Sache zu erforschen. Er war es nun, der, von einigen Vertrauten geleitet, daranging, dieses Opfer darzubringen. Augustus ließ sich in seiner Sänfte tragen, denn er war alt, und die hohen Treppen des Kapitols fielen ihm beschwerlich. Er hielt selbst den Käfig mit den Tauben, die er opfern wollte. Nicht Priester noch Soldaten oder Ratsherren begleiteten ihn, sondern nur seine nächsten Freunde. Fackelträger gingen ihm voran, gleichsam um einen Weg in das nächtliche Dunkel zu bahnen, und ihm folgten Sklaven, die den dreifüßigen Altar trugen, die Kohlen, die Messer, das heilige Feuer und alles andere, was für das Opfer erforderlich war.

Auf dem Wege plauderte der Kaiser fröhlich mit seinen Vertrauten, und darum bemerkte niemand die unsägliche Stille und Verschwiegenheit der Nacht. Erst als sie auf dem obersten Teil des Kapitols den leeren Platz erreicht hatten, der für den neuen Tempel auserkoren war, wurde ihnen offenbar, daß etwas Ungewöhnliches bevorstand.

Dies konnte nicht eine Nacht sein wie alle andern, denn oben auf dem Rande des Felsens sahen sie das wunderbarste Wesen. Zuerst glaubten sie, es sei ein alter, verwitterter Olivenstamm, dann meinten sie, ein uraltes Steinbild vom Jupitertempel sei auf den Felsen hinausgewandert. Endlich gewahrten sie, daß dies niemand sein konnte als die alte Sibylle.

Etwas so Altes, so Wettergebräuntes und so Riesengroßes hatten sie niemals gesehen. Diese alte Frau war schreckenerregend. Wäre der Kaiser nicht gewesen, sie hätten sich alle heim in ihre Betten geflüchtet. »Sie ist es«, flüsterten sie einander zu, »die der Jahre so viele zählt, wie es Sandkörner an der Küste ihres Heimatlandes gibt. Warum ist sie gerade in dieser Nacht aus ihrer Höhle gekommen? Was kündet sie dem Kaiser und dem Reiche, sie, die ihre Prophezeiungen auf die Blätter der Bäume schreibt und weiß, daß der Wind das Orakelwort dem zuträgt, für den es bestimmt ist?«

Sie waren so erschrocken, daß sie alle auf die Knie gesunken wären und mit ihren Stirnen den Boden berührt hätten, wenn die Sibylle nur eine Bewegung gemacht hätte. Aber sie saß so still, als wäre sie leblos. Sie saß auf dem äußersten Rande des Felsens zusammengekauert, und die Augen mit der Hand beschattend, spähte sie hinaus in die Nacht. Sie saß da, als hätte sie den Hügel erstiegen, um etwas, was sich in weiter Ferne zutrug, besser zu sehen. Sie konnte also etwas sehen, sie, in einer solchen Nacht!

In demselben Augenblick merkten der Kaiser und alle in seinem Gefolge, wie tief die Finsternis war. Keiner von ihnen konnte eine Handbreit vor sich sehen. Und welche Stille, welches Schweigen! Nicht einmal das dumpfe Gemurmel des Tiber konnten sie vernehmen. Aber die Luft wollte sie ersticken, der kalte Schweiß trat ihnen auf die Stirn, und ihre Hände waren starr und kraftlos. Sie dachten, es müsse etwas Furchtbares bevorstehen.

Aber niemand wollte zeigen, daß er Angst hatte, sondern alle sagten dem Kaiser, daß dies ein gutes Omen sei: die ganze Natur hielte den Atem an, um einen neuen Gott zu grüßen.

Sie forderten Augustus auf, an das Opfer zu gehen, und sagten, daß die alte Sibylle wahrscheinlich aus ihrer Höhle gekommen wäre, um seinen Genius zu grüßen.

Aber in Wahrheit war die alte Sibylle von einer Vision so gefesselt, daß sie es nicht einmal wußte, daß Augustus auf das Kapitol gekommen war. Sie war im Geiste in ein fernes Land versetzt, und dort meinte sie über eine große Ebene zu wandern. In der Dunkelheit stieß sie mit dem Fuße unablässig an etwas, was sie für Erdhügelchen hielt. Sie bückte sich und tastete mit der Hand. Nein, es waren keine Erdhügelchen, sondern Schafe. Sie wanderte zwischen schlafenden Schafherden.

Nun gewahrte sie das Feuer der Hirten. Es brannte mitten auf dem Felde, und sie tastete sich hin. Die Hirten lagen um das Feuer und schliefen, und neben sich hatten sie lange, spitzige Stäbe, mit denen sie die Herden gegen wilde Tiere zu verteidigen pflegten. Aber die kleinen Tiere mit den funkelnden Augen und den buschigen Schwänzen, die sich zum Feuer schlichen, waren das nicht Schakale? Und doch schleuderten ihnen die Hirten keine Stäbe nach, die Hunde schliefen weiter, die Schafe flohen nicht, und die wilden Tiere legten sich an der Seite der Menschen zur Ruhe. Dies sah die Sibylle, aber sie wußte nichts von dem, was sich hinter ihr auf der Bergeshöhe zutrug. Sie wußte nicht, daß man da einen Altar errichtete, die Kohlen entzündete, das Räucherwerk ausstreute, und daß der Kaiser die eine Taube aus dem Käfig nahm, um sie zu opfern. Aber seine Hände waren so erstarrt, daß er den Vogel nicht zu halten vermochte. Mit einem einzigen Flügelschlag befreite sich die Taube und verschwand, hinauf in das nächtliche Dunkel.

Als dies geschah, blickten die Hofleute mißtrauisch zu der alten Sibylle hin. Sie glaubten, daß sie es wäre, die das Unglück verschuldet hätte.

Konnten sie wissen, daß die Sibylle noch immer an dem Kohlenfeuer der Hirten zu stehen meinte und daß sie nun einem schwachen Klange lauschte, der zitternd durch die totenstille Nacht drang? Sie hörte ihn lange, ehe sie merkte, daß er nicht von der Erde kam, sondern aus den Wolken. Endlich erhob sie das Haupt, und da sah sie lichte, schimmernde Gestalten durch die Dunkelheit gleiten. Es waren kleine Engelscharen, die gar holdselig singend und gleichsam suchend über der weiten Ebene hin und wider flogen.

Während die Sibylle so dem Engelsgesange lauschte, bereitete sich der Kaiser gerade zu einem neuen Opfer. Er wusch seine Hände, reinigte den Altar und ließ sich die zweite Taube reichen. Aber obgleich er sich bis zum äußersten anstrengte, um sie festzuhalten, entglitt der glatte Körper der Taube seiner Hand, und der Vogel schwang sich in die undurchdringliche Nacht empor.

Den Kaiser faßte ein Grauen. Er stürzte vor dem leeren Altar auf die Knie und betete zu seinem Genius. Er rief ihn um Kraft an, das Unheil abzuwenden, das diese Nacht zu künden schien.

Auch davon hatte die Sibylle nichts gehört. Sie lauschte mit ganzer Seele dem Engelsgesang, der immer stärker wurde. Schließlich wurde er so mächtig, daß er die Hirten erweckte. Sie richteten sich auf dem Ellenbogen empor und sahen leuchtende Scharen silberweißer Engel in langen, wogenden Reihen gleich Zugvögeln droben durch das Dunkel schweben. Einige hatten Lauten und Violinen in den Händen, andere hatten Zithern und Harfen, und ihr Gesang klang fröhlich wie Kinderlachen und sorglos wie Lerchenzwitschern. Als die Hirten dieses hörten, machten sie sich auf, um zu dem Bergstädtlein zu gehen, wo sie daheim waren, und von dem Wunder zu erzählen.

Sie wanderten über einen schmalen, geschlängelten Pfad, und die alte Sibylle folgte ihnen. Mit einem Male wurde es oben auf dem Berg hell. Ein großer klarer Stern flammte mitten darüber auf, und die Stadt auf dem Bergesgipfel schimmerte wie Silber im Sternenlicht. Alle die umherirrenden Engelscharen eilten unter Jubelrufen hin, und die Hirten beschleunigten ihre Schritte, so daß sie beinahe liefen. Als sie die Stadt erreicht hatten, fanden sie, daß die Engel sich über einem niedrigen Stall in der Nähe des Stadttors gesammelt hatten.

Es war ein ärmlicher Bau mit einem Dache aus Stroh und dem nackten Felsen als Rückwand. Darüber stand der Stern, und dahin scharten sich immer mehr und mehr Engel. Einige setzten sich auf das Strohdach oder ließen sich auf der steilen Felswand hinter dem Hause nieder, andere schwebten mit flatternden Flügeln darüber. Hoch, hoch hinauf war die Luft von den strahlenden Schwingen verklärt.

In demselben Augenblick, in dem der Stern über dem Bergstädtchen aufflammte, erwachte die ganze Natur, und die Männer, die auf der Höhe des Kapitols standen, mußten es auch merken. Sie fühlten frische, aber kosende Winde den Raum durchwehen, süße Wohlgerüche strömten rings um sie empor, Bäume rauschten, der Tiber begann zu murmeln, die Sterne strahlten, und der Mond stand mit einem Male hoch am Himmel und erleuchtete die Welt. Und aus den Wolken schwangen sich zwei Tauben nieder und setzten sich dem Kaiser auf die Schultern.

Als dies Wunder geschah, richtete sich Augustus in stolzer Freude empor, aber seine Freunde und Sklaven stürzten auf die Knie. »Ave Caesar!« riefen sie. »Dein Genius hat dir geantwortet. Du bist der Gott, der auf der Höhe des Kapitols angebetet werden soll.«

Und die Huldigung, die die hingerissenen Männer dem Kaiser zujubelten, war so laut, daß die alte Sibylle sie hörte. Sie wurde davon aus ihren Gesichten erweckt. Sie erhob sich von ihrem Platze auf dem Felsenrand und trat unter die Menschen. Es war, als hätte eine dunkle Wolke sich aus dem Abgrund erhoben, um über die Bergeshöhe hinabzustürzen. Sie war erschreckend in ihrem Alter. Wirres Haar hing in spärlichen Zotteln um ihren Kopf, die Gelenke der Glieder waren vergrößert, und die gedunkelte Haut überzog den Körper hart wie Baumrinde, Runzel an Runzel.

Aber gewaltig und ehrfurchtgebietend schritt sie auf den Kaiser zu. Mit der einen Hand umfaßte sie sein Handgelenk, mit der andern wies sie nach dem fernen Osten.

»Sieh!« gebot sie ihm, und der Kaiser schlug die Augen auf und sah. Der Raum tat sich vor seinen Blicken auf, und sie drangen ins ferne Morgenland. Und er sah einen dürftigen Stall unter einer steilen Felswand und in der offenen Tür einige kniende Hirten. Im Stall sah er eine junge Mutter auf den Knien vor einem kleinen Kindlein, das auf einem Strohbündel am Boden lag.

Und die großen knochigen Finger der Sibylle wiesen auf dieses arme Kind.

»Ave Caesar!« sagte die Sibylle mit einem Hohnlachen. »Da ist der Gott, der auf der Höhe des Kapitols angebetet werden wird!«

Da prallte Augustus vor ihr zurück, wie vor einer Wahnsinnigen.

Aber über die Sibylle kam der mächtige Sehergeist. Ihre trüben Augen begannen zu brennen, ihre Hände reckten sich zum Himmel empor, ihre Stimme verwandelte sich, so daß sie nicht ihre eigne zu sein schien, sondern solchen Klang und solche Kraft hatte, daß man sie über die ganze Welt hin hätte hören können. Und sie sprach Worte, die sie oben in den Sternen zu lesen schien.

»Anbeten wird man auf den Höhen des Kapitols den Welterneuerer, Christ oder Antichrist, doch nicht hinfällige Menschen.«

Als sie dies gesagt hatte, schritt sie durch die Reihen der schreckgelähmten Männer, ging langsam die Bergeshöhe hinunter und verschwand.

Aber Augustus ließ am nächsten Tage dem Volke streng verbieten, ihm einen Tempel auf dem Kapitol zu errichten. Anstatt dessen erbaute er dort ein Heiligtum für das neugeborene Gotteskind und nannte es »Des Himmels Altar«, Ara Coeli.

Die Legende von der Christrose

Die Räubermutter, die in der Räuberhöhle oben im Göinger Walde hauste, hatte sich eines Tages auf einem Bettelzug in das Flachland hinunterbegeben. Der Räubervater selbst war ein friedloser Mann und durfte den Wald nicht verlassen, sondern mußte sich damit begnügen, den Wegfahrenden aufzulauern, die sich in den Wald wagten; doch zu der Zeit, als der Räubervater und die Räubermutter sich in dem Göinger Wald aufhielten, gab es im nördlichen Schonen nicht allzuviel Reisende. Wenn es sich also begab, daß der Räubervater ein paar Wochen lang Pech mit seiner Jagd hatte, dann machte sich die Räubermutter auf die Wanderschaft. Sie nahm ihre fünf Kinder mit, und jedes der Kleinen hatte zerfetzte Fellkleider und Holzschuhe und trug auf dem Rücken einen Sack, der gerade so lang war wie es selbst. Wenn die Räubermutter zu einer Haustür hereinkam, dann wagte niemand, ihr das zu verweigern, was sie verlangte; denn sie bedachte sich keinen Augenblick, in der nächsten Nacht zurückzukehren und das Haus anzuzünden, in dem man sie nicht freundlich aufgenommen hatte. Die Räubermutter und ihre Nachkommenschaft waren ärger als die Wolfsbrut, und gar mancher hatte Lust, ihnen seinen guten Speer nachzuwerfen, aber dies geschah niemals; denn man wußte, daß der Mann dort oben im Walde hauste und sich zu rächen wissen würde, wenn den Kindern oder der Alten etwas zuleide geschähe.

Wie nun die Räubermutter so von Hof zu Hof zog und bettelte, kam sie eines schönen Tages nach Öved, das zu jener Zeit ein Kloster war. Sie klingelte an der Klosterpforte und verlangte etwas zu essen, und der Türhüter ließ ein kleines Schiebfensterchen herab und reichte ihr sechs runde Brote, eines für sie und eines für jedes Kind. Aber während die Räubermutter so still vor der Klosterpforte stand, liefen ihre Kinder umher. Und nun kam eines von ihnen heran und zupfte sie am Rocke, zum Zeichen, daß es etwas gefunden hätte, was sie sich ansehen sollte, und die Räubermutter ging auch gleich mit ihm.

Das ganze Kloster war von einer hohen, starken Mauer umgeben, aber der kleine Junge hatte es zustande gebracht, ein kleines Hintertürchen zu finden, das angelehnt stand. Als die Räubermutter hinkam, stieß sie sogleich das Pförtchen auf und trat, ohne erst viel zu fragen, ein, wie es eben bei ihr der Brauch war.

Aber das Kloster Öved wurde zu jener Zeit von Abt Johannes regiert, der ein gar pflanzenkundiger Mann war. Er hatte sich hinter der Klostermauer einen kleinen Lustgarten angelegt, und in diesen drang nun die Räubermutter ein.

Im ersten Augenblick war sie so erstaunt, daß sie regungslos stehenblieb. Es war Hochsommerzeit, und der Garten des Abtes Johannes stand so voll von Blumen, daß es einem blau und rot und gelb vor den Augen flimmerte, wenn man hineinsah. Aber bald zeigte sich ein vergnügtes Lächeln auf dem Gesicht der Räubermutter, und sie begann einen schmalen Gang hinunterzugehen, der zwischen vielen kleinen Blumenbeeten durchlief.

Im Garten stand der Laienbruder, der Gärtnergehilfe war, und jätete das Unkraut aus. Er war es, der die Tür in der Mauer halb offen gelassen hatte, um Queckengras und Melde auf den Kehrichthaufen davor werfen zu können. Als er die Räubermutter mit ihren fünf Bälgern hinter sich her in den Lustgarten treten sah, stürzte er ihnen sogleich entgegen und befahl ihnen, sich zu trollen. Aber die alte Bettlerin ging weiter, als sei nichts geschehen. Sie ließ die Blicke hinauf und hinab wandern, sah bald die starren weißen Lilien an, die sich auf einem Beet ausbreiteten, und bald den Efeu, der die Klosterwand hoch emporkletterte, und bekümmerte sich nicht im geringsten um den Laienbruder.

Der Laienbruder dachte, sie hätte ihn nicht verstanden. Da wollte er sie am Arm nehmen, um sie nach dem Ausgang umzudrehen. Aber als die Räubermutter seine Absicht bemerkte, warf sie ihm einen Blick zu, vor dem er zurückprallte. Sie war unter ihrem Bettelsack mit gebeugtem Rücken gegangen, aber jetzt richtete sie sich zu ihrer vollen Höhe auf. »Ich bin die Räubermutter aus dem Göinger Wald«, sagte sie, »rühr mich nur an, wenn du es wagst.« Und es sah aus, als ob sie nach diesen Worten ebenso sicher wäre, in Frieden von dannen zu ziehen, als hätte sie verkündet, daß sie die Königin von Dänemark sei.

Aber der Laienbruder wagte dennoch, sie zu stören, obgleich er jetzt, wo er wußte, wer sie war, recht sanftmütig zu ihr sprach. – »Du mußt wissen, Räubermutter«, sagte er, »daß dies ein Mönchskloster ist und daß es keiner Frau im Lande verstattet wird, hinter diese Mauer zu kommen. Wenn du nun nicht deiner Wege gehst, dann werden die Mönche mir zürnen, weil ich vergessen habe, das Tor zu schließen, und sie werden mich vielleicht von Kloster und Garten verjagen.« Doch solche Bitten waren an die Räubermutter verschwendet. Die ging weiter durch die Rosenbeete und guckte sich den Ysop an, der mit lilafarbenen Blüten bedeckt war, und das Kaprifolium, das voll rotgelber Blumentrauben hing.

Da wußte sich der Laienbruder keinen anderen Rat, als in das Kloster zu laufen und um Hilfe zu rufen. Er kam mit zwei handfesten Mönchen zurück, und die Räubermutter sah sogleich, daß es nun Ernst wurde. Sie stellte sich breitbeinig in den Weg und begann mit gellender Stimme herauszuschreien, welche furchtbare Rache sie an dem Kloster nehmen würde, wenn sie nicht im Lustgarten bleiben dürfte, so lange sie wollte. Aber die Mönche meinten, daß sie sie nicht zu fürchten brauchten, und sie dachten nur daran, sie zu vertreiben. Da stieß die Räubermutter schrille Schreie aus, stürzte sich auf sie und kratzte und biß, und ebenso machten es alle ihre Sprossen. Die drei Männer merkten bald, daß sie ihnen überlegen war. Es blieb ihnen nichts anderes übrig, als in das Kloster zu gehen und Verstärkung zu holen. Wie sie über den Pfad liefen, der in das Kloster führte, begegneten sie dem Abt Johannes, der herbeigeeilt war, um zu sehen, was für ein Lärm das wäre, den man vom Lustgarten hörte. Da mußten sie gestehen, daß die Räubermutter aus dem Göinger Walde in das Kloster gedrungen war; sie hätten nicht vermocht, sie zu vertreiben, und wollten sich nun Entsatz schaffen. Aber Abt Johannes tadelte sie, daß sie Gewalt angewendet hätten, und verbot ihnen, um Hilfe zu rufen. Er schickte die beiden Mönche zu ihrer Arbeit zurück, und obgleich er ein alter, gebrechlicher Mann war, nahm er nur den Laienbruder mit in den Garten. Als Abt Johannes dort anlangte, ging die Räubermutter wie zuvor zwischen den Beeten umher. Und er konnte sich nicht genug über sie wundern. Er war ganz sicher, daß die Räubermutter nie zuvor in ihrem Leben einen Lustgarten erblickt hätte. Aber wie dem auch sein mochte – sie ging zwischen allen den kleinen Beeten umher, die jedes mit einer anderen Art fremder und seltsamer Blumen bepflanzt waren und betrachtete sie, als wären es alte Bekannte. Es sah aus, als hätte sie schon öfters Immergrün und Salbei und Rosmarin gesehen. Einigen lächelte sie zu, und über andere wieder schüttelte sie den Kopf.

Abt Johannes liebte seinen Garten mehr als alle andern Dinge, die irdisch und vergänglich sind. So wild und grimmig die Räubermutter auch aussah, so konnte er es doch nicht lassen, Gefallen daran zu finden, daß sie mit drei Mönchen gekämpft hatte, um ihn in Ruhe zu betrachten. Er ging auf sie zu und fragte sie freundlich, ob ihr der Garten gefalle. Die Räubermutter wendete sich heftig gegen Abt Johannes, denn sie war nur auf Hinterhalt und Überfall gefaßt, aber als sie seine weißen Haare und seinen gebeugten Rücken sah, da antwortete sie ganz freundlich: »Als ich ihn zuerst erblickte, da schien es mir, als ob ich nie etwas Schöneres gesehen hätte, aber jetzt merke ich, daß er sich mit einem andern nicht messen kann, den ich kenne.«

Abt Johannes hatte sicherlich eine andere Antwort erwartet. Als er hörte, daß die Räubermutter einen Lustgarten kennte, der schöner wäre als der seine, bedeckten sich seine runzeligen Wangen mit einer schwachen Röte.

Der Gärtnergehilfe, der danebenstand, begann auch sogleich die Räubermutter zurechtzuweisen. – »Dies ist Abt Johannes, Räubermutter«, sagte er, »der selber mit großem Fleiß und Mühe von fern und nah die Blumen für seinen Garten gesammelt hat. Wir wissen alle, daß es im ganzen schonischen Land keinen reicheren Lustgarten gibt, und es steht dir, die du das ganze liebe Jahr im wilden Walde hausest, wahrlich übel an, sein Werk meistern zu wollen.«

»Ich will niemand meistern, weder ihn noch dich«, sagte die Räubermutter, »ich sage nur, wenn ihr den Lustgarten sehen könntet, an den ich denke, dann würdet ihr jegliche Blume, die hier steht, ausraufen und sie als Unkraut fortwerfen.«

Aber der Gärtnergehilfe war kaum weniger stolz auf die Blumen als Abt Johannes selbst, und als er diese Worte hörte, begann er höhnisch zu lachen. – »Ich kann mir wohl denken, daß du nur so schwätzest, Räubermutter, um uns zu reizen«, sagte er; »das wird mir ein schöner Garten sein, den du dir unter Tannen und Wacholderbüschen im Göinger Walde eingerichtet hast! Ich wollte meine Seele verschwören, daß du überhaupt noch nie hinter einer Gartenmauer gewesen bist.«

Die Räubermutter wurde rot vor Ärger, daß man ihr also mißtraute, und sie rief: »Es mag wohl sein, daß ich niemals vor heute hinter einer Gartenmauer gestanden habe, aber ihr Mönche, die ihr heilige Männer seid, solltet wohl wissen, daß der große Göinger Wald sich in jeder Weihnachtsnacht in einen Lustgarten verwandelt, um die Geburtsstunde unseres Herrn und Heilandes zu feiern. Wir, die wir im Walde leben, haben dies nun jedes Jahr geschehen sehen, und in diesem Lustgarten habe ich so herrliche Blumen geschaut, daß ich es nicht wagte, die Hand zu erheben, um sie zu brechen.«

Da lachte der Laienbruder noch lauter und stärker: »Es ist gar leicht für dich, dazustehen und mit derlei zu prahlen, was kein Mensch sehen kann. Aber ich kann nicht glauben, es könnte etwas andres als Lüge sein, daß der Wald Christi Geburtsstunde an einer solchen Stelle feiern sollte, wo so unheilige Leute wohnen wie du und der Räubervater.« – »Und das, was ich sage, ist doch ebenso wahr«, entgegnete die Räubermutter, »wie daß du es nicht wagen würdest, in einer Weihnachtsnacht in den Wald zu kommen, um es zu sehen.« Der Laienbruder wollte ihr von neuem antworten, aber Abt Johannes bedeutete ihm durch ein Zeichen, stillzuschweigen. Denn Abt Johannes hatte schon in seiner Kindheit erzählen hören, daß der Wald sich in der Weihnachtszeit in ein Feierkleid hülle. Er hatte sich oft danach gesehnt, es zu sehen, aber es war ihm niemals gelungen. Nun begann er die Räubermutter gar eifrig zu bitten und anzurufen, sie möge ihn um die

Weihnachtszeit in die Räuberhöhle kommen lassen. Wenn sie nur eins ihrer Kinder schickte, ihm den Weg zu zeigen, dann wolle er allein hinaufreiten, und er würde sie nie und nimmer verraten, sondern im Gegenteil so reich belohnen, wie es nur in seiner Macht stünde.

Die Räubermutter weigerte sich zuerst, denn sie dachte an den Räubervater und an die Gefahr, der sie ihn preisgab, wenn sie Abt Johannes in ihre Höhle kommen ließe, aber dann wurde doch der Wunsch, ihm zu zeigen, daß der Lustgarten, den sie kannte, schöner sei als der seinige, in ihr übermächtig, und sie gab nach.

»Aber mehr als einen Begleiter darfst du nicht mitnehmen«, sagte sie. »Und du darfst uns keinen Hinterhalt und keine Falle stellen, so gewiß du ein heiliger Mann bist.«

Dies versprach der Abt Johannes, und damit ging die Räubermutter.

Aber Abt Johannes befahl dem Laienbruder, niemandem zu verraten, was nun vereinbart worden war. Er fürchtete, daß seine Mönche, wenn sie von seinem Vorhaben etwas erführen, einem alten Mann, wie er es war, nicht gestatten würden, hinauf in die Räuberhöhle zu ziehen.

Auch er selbst wollte den Plan keiner Menschenseele verraten. Aber da begab es sich, daß Erzbischof Absalon aus Lund gereist kam und eine Nacht in Öved verbrachte. Als nun Abt Johannes ihm seinen Garten zeigte, fiel ihm der Besuch der Räubermutter ein; und der Laienbruder, der dort umherging und arbeitete, hörte, wie der Abt dem Bischof vom Räubervater erzählte, der nun so viele Jahre vogelfrei im Walde gehaust hätte, und um einen Freibrief für ihn bat, damit er wieder ein ehrliches Leben unter anderen Menschen führen könnte. – »Wie es jetzt geht«, sagte Abt Johannes, »wachsen seine Kinder zu ärgeren Missetätern heran, als er selbst einer ist, und Ihr werdet es dort oben im Walde bald mit einer ganzen Räuberbande zu tun bekommen.«

Doch Erzbischof Absalon erwiderte, daß er den bösen Räuber nicht auf die ehrlichen Leute im Lande loslassen wolle. Es sei für alle am besten, wenn er dort oben in seinem Walde bleibe.

Da wurde Abt Johannes eifrig und begann dem Bischof vom Göinger Wald zu erzählen, der sich jedes Jahr rings um die Räuberhöhle in Weihnachtsschmuck kleide. »Wenn diese Räuber nicht schlimmer sind, als daß Gottes Herrlichkeit sich ihnen zeigen soll«, sagte er, »so können sie wohl auch nicht zu schlecht sein, um die Gnade der Menschen zu erfahren.«

Aber der Erzbischof wußte Abt Johannes zu antworten. – »Soviel kann ich dir versprechen, Abt Johannes«, sagte er und lächelte, »an welchem Tage immer du mir eine Blume aus dem Weihnachtsgarten im Göinger Walde schickst, will ich dir einen Freibrief für alle Friedlosen geben, für die du mich bitten magst.«

Der Laienbruder sah, daß Bischof Absalon ebensowenig wie er selbst an die Geschichte der Räubermutter glaubte, aber Abt Johannes merkte nichts davon, sondern dankte Absalon für sein gütiges Versprechen und sagte, die Blume wolle er ihm schon schicken.

Abt Johannes setzte seinen Willen durch, und am nächsten Weihnachtsabend saß er nicht daheim in Öved, sondern war auf dem Wege nach Göinge. Einer der wilden Jungen der Räubermutter lief vor ihm her, und zum Geleit hatte er den Knecht, der im Lustgarten mit der Räubermutter gesprochen hatte. Abt Johannes hatte sich den ganzen Herbst über schon sehr danach gesehnt, diese Fahrt anzutreten, und freute sich nun sehr, daß sie zustande gekommen war. Aber ganz anders stand es mit dem Laienbruder, der ihm folgte. Er hatte Abt Johannes von Herzen lieb und würde es nicht gern einem andern überlassen haben, ihn zu begleiten und über ihn zu wachen, aber er glaubte keineswegs, daß sie einen Weihnachtsgarten zu Gesicht bekommen würden; er dachte nichts anderes, als daß das Ganze eine Falle sei, die die Räubermutter mit großer Schlauheit Abt Johannes gelegt hätte, damit er ihrem Mann in die Hände falle.

Während Abt Johannes nordwärts zur Waldgegend ritt, sah er, wie überall Anstalten getroffen wurden, das Weihnachtsfest zu feiern. In jedem Bauernhof machte man Feuer in der Badehütte, damit sie zum nachmittägigen Bade warm sei. Aus den Vorratskammern wurden große Mengen von Fleisch und Brot in die Hütten getragen, und aus den Tennen kamen die Burschen mit großen Strohgarben, die über den Boden gestreut werden sollten.

Als er an dem kleinen Dorfkirchlein vorüberritt, sah er, wie der Priester und seine Küster vollauf damit beschäftigt waren, sie mit den besten Geweben zu behängen, die sie nur hatten auftreiben können; und als er zu dem Wege kam, der nach dem Kloster Bosjö führte, sah er die Armen des Klosters mit großen Brotlaiben und langen Kerzen daherwandern, die sie an der Klosterpforte bekommen hatten.

Als Abt Johannes alle diese Weihnachtszurüstungen sah, da spornte er zur Eile an. Denn er dachte daran, daß seiner ein größeres Fest harre, als irgendeiner der anderen feiern sollte.

Doch der Knecht jammerte und klagte, als er sah, wie sie sich auch in der kleinsten Hütte anschickten, das Weihnachtsfest zu feiern. Und er wurde immer ängstlicher und bat und beschwor Abt Johannes, umzukehren und sich nicht freiwillig in die Hände der Räuber zu geben.

Aber Abt Johannes ritt weiter, ohne sich um seine Klagen zu kümmern. Er hatte bald das Flachland hinter sich und kam nun hinauf in die einsamen, wilden Wälder. Hier wurde der Weg schlechter. Er war eigentlich nur noch ein steiniger, nadelbestreuter Pfad, und nicht Brücke und Steg halfen ihnen über Flüsse und Bäche. Je länger sie ritten, desto kälter wurde es, und tief drinnen im Walde war der Boden mit Schnee bedeckt.

Es war ein langer und beschwerlicher Ritt. Sie schnitten auf steilen und schlüpfrigen Seitenpfaden den Weg ab und zogen über Moor und Sumpf, drangen durch Windbrüche und Dickicht. Gerade als der Tag zur Neige ging, führte der Räuberjunge sie über eine Waldwiese, die von hohen Bäumen umgeben war, von nackten Laubbäumen und von grünen Nadelbäumen. Hinter der Wiese erhob sich eine Felswand, und in der Felswand sahen sie eine Tür aus rohen Planken. Nun merkte Abt Johannes, daß sie am Ziel waren, und er stieg vom Pferde. Das Kind öffnete ihm die schwere Tür, und er sah in eine ärmliche Berggrotte mit nackten Steinwänden. Die Räubermutter saß an einem Blockfeuer, das mitten auf dem Boden brannte, an den Wänden standen Lagerstätten aus Tannenreisig mit Moos, und auf einer von ihnen lag der Räubervater und schlief. – »Kommt herein, ihr dort draußen!« rief die Räubermutter, ohne aufzusehen. »Und nehmt die Pferde mit, damit sie nicht draußen in der Nachtkälte zugrunde gehen!«

Abt Johannes trat nun kühnlich in die Grotte, und der Laienbruder folgte ihm. Da sah es gar ärmlich und dürftig aus, und nichts war geschehen, um das Weihnachtsfest zu feiern. Die Räubermutter hatte weder gebraut noch gebacken, sie hatte weder gefegt noch gescheuert. Ihre Kinder lagen auf der Erde rings um einen Kessel, aus dem sie aßen; aber darin war nichts Besseres als dünne Wassergrütze.

Doch die Räubermutter war ebenso stolz und selbstbewußt wie nur irgendeine wohlbestallte Bauersfrau. »Setze dich nun hier ans Feuer, Abt Johannes, und wärme dich«, sagte sie, »und wenn du Wegzehrung mitgebracht hast, so iß, denn was wir hier im Walde kochen, wird dir wohl nicht munden. Und wenn du vom Ritt müde bist, kannst du dich auf einer dieser Lagerstätten ausstrecken und ruhen. Du brauchst keine Angst zu haben, daß du dich verschlafen könntest. Ich sitze hier am Feuer und wache, und ich will dich schon wecken, damit du zu sehen bekommst, wonach du ausgeritten bist.«

Abt Johannes gehorchte der Räubermutter in allen Stücken und nahm seinen Schnappsack hervor. Aber er war nach dem Ritt so müde, daß er kaum zu essen vermochte; und sowie er sich auf dem Lager ausgestreckt hatte, schlummerte er ein.

Dem Laienbruder ward auch eine Ruhestatt angewiesen, aber er wagte nicht zu schlafen, weil er ein wachsames Auge auf den Räubervater haben wollte, damit dieser nicht etwa aufstünde und Abt Johannes fesselte. Allmählich jedoch erlangte die Müdigkeit auch über ihn solche Gewalt, daß er einschlummerte. Als er erwachte, sah er, daß Abt Johannes sein Lager verlassen hatte und jetzt am Feuer saß und mit der Räubermutter Zwiegespräch pflog. Der Räubervater saß daneben. Er war ein hochaufgeschossener magerer Mann und sah schwerfällig und trübsinnig aus. Er kehrte Abt Johannes den Rücken, und es sah aus, als wolle er nicht zeigen, daß er dem Gespräch zuhörte. Abt Johannes erzählte der Räubermutter von allen den Weihnachtszurüstungen, die er unterwegs gesehen hatte, und er erinnerte sie an die Weihnachtsfeste und die fröhlichen Weihnachtsspiele, die wohl auch sie in ihrer Jugend mitgemacht hätte, als sie noch in Frieden unter den Menschen lebte. – »Es ist ein Jammer, daß eure Kinder nie verkleidet auf der Dorfstraße umhertollen oder im Weihnachtsstroh spielen dürfen«, sagte Abt Johannes. Die Räubermutter hatte ihm zuerst kurz und barsch geantwortet, aber so allmählich wurde sie kleinlauter und lauschte eifrig. Plötzlich wendete sich der Räubervater gegen den Abt Johannes und hielt ihm die geballte Faust vor das Gesicht. –

»Du elender Mönch, bist du hierhergekommen,

um Weib und Kinder von mir fortzulocken? Weißt du nicht, daß ich ein friedloser Mann bin und diesen Wald nicht verlassen darf?« Abt Johannes sah ihm unerschrocken gerade in die Augen. – »Mein Wille ist es, dir einen Freibrief vom Erzbischof zu verschaffen«, sagte er. Kaum hatte er dies gesagt, als der Räubervater und die Räubermutter ein schallendes Gelächter anschlugen. Sie wußten nur zu wohl, welche Gnade ein Waldräuber vom Bischof Absalon zu erwarten hatte. –

»Ja, wenn ich einen Freibrief von Absalon bekomme«, sagte der Räubervater, »dann gelobe ich dir, nie mehr auch nur soviel wie eine Gans zu stehlen.«

Den Gärtnergehilfen verdroß es sehr, daß das Räuberpack sich vermaß, Abt Johannes auszulachen; aber dieser selbst schien es ganz zufrieden zu sein. Der Knecht hatte ihn kaum je friedvoller und milder unter seinen Mönchen auf Öved sitzen sehen, als er ihn jetzt unter den wilden Räuberleuten sah.

Aber plötzlich sprang die Räubermutter auf.

»Du sitzest hier und plauderst, Abt Johannes«, sagte sie, »und wir vergessen ganz, nach dem Wald zu sehen. Jetzt höre ich bis in unsere Höhle, wie die Weihnachtsglocken läuten.«

Kaum war dies gesagt, als alle aufsprangen und hinausliefen; aber im Walde war noch dunkle Nacht und grimmiger Winter. Das einzige, was man vernahm, war ferner Glockenklang, der von einem leisen Südwind hergetragen wurde.

Wie soll dieser Glockenklang den toten Wald wecken können! dachte Abt Johannes. Denn jetzt, wo er mitten im Waldesdunkel stand, schien es ihm viel unmöglicher als früher, daß hier ein Lustgarten erstehen könnte.

Aber als die Glocke ein paar Augenblicke geläutet hatte, zuckte plötzlich ein Lichtstrahl durch den Wald. Gleich darauf wurde es ebenso dunkel wie zuvor, aber dann kam das Licht wieder. Es kämpfte sich wie ein leuchtender Nebel zwischen den dunklen Bäumen durch. Und soviel vermochte es, daß die Dunkelheit in schwache Morgendämmerung überging.

Da sah Abt Johannes, wie der Schnee vom Boden verschwand, als hätte jemand einen Teppich fortgezogen; und die Erde begann zu grünen. Das Farnkraut streckte seine Triebe hervor, eingerollt wie Bischofsstäbe. Die Erika, die auf der Steinhalde wuchs, und der Porsch, der im Moor wurzelte, kleideten sich rasch in frisches Grün. Die Mooshügelchen schwollen und hoben sich, und die Frühlingsblumen schossen mit schwellenden Knospen auf, die schon einen Schimmer von Farbe hatten.

Abt Johannes klopfte das Herz heftig, als er die ersten Zeichen sah, daß der Wald erwachen wollte. Soll nun ich alter Mann ein solches Wunder schauen! dachte er. Und die Tränen wollten ihm in die Augen treten.

Nun wurde es wieder so dämmerig, daß er fürchtete, die nächtliche Finsternis könnte aufs neue Macht erlangen. Aber sogleich kam eine neue Lichtwelle hereingebrochen. Die brachte das Murmeln von Bächlein und das Rauschen der eisbefreiten Bergströme mit. Da schlugen die Blätter der Laubbäume so rasch aus, als wären grüne Schmetterlinge herangeflattert und hätten sich auf den Zweigen niedergelassen. Und nicht nur die Bäume und Pflanzen erwachten. Die Kreuzschnäbel begannen über die Zweige zu hüpfen. Die Spechte hämmerten an die Stämme, daß die Holzsplitter nur so flogen. Ein Zug Stare, der das Land hinanflog, ließ sich in einem Tannenwipfel nieder, um zu ruhen. Es waren prächtige Stare. Die Spitze jedes kleinen Federchens leuchtete glänzend rot, und wenn die Vögel sich bewegten, glitzerten sie wie Edelsteine. Wieder wurde es für ein Weilchen still, aber bald begann es von neuem. Ein starker, warmer Südwind blies und säte über die Waldwiese alle die Samen aus südlichen Ländern, die von Vögeln und Schiffen und Winden in das Land gebracht worden waren und auf dem kargen Boden nirgend anders blühen konnten: sie schlugen Wurzel und schossen Triebe in dem Augenblick, da sie den Boden berührten. Als die nächste Welle kam, fingen Blaubeeren und Preiselbeeren zu blühen an. Wildgänse und Kraniche riefen hoch oben in der Luft, die Buchfinken bauten ihr Nest, und die Eichhörnchen begannen in den Baumzweigen zu spielen.

Alles ging nun so rasch, daß Abt Johannes gar nicht Zeit hatte zu überlegen, welches Wunder gerade geschah. Er hatte nur Zeit, Augen und Ohren weit aufzumachen. Die nächste Welle, die herangebraust kam, brachte den Duft frisch gepflügter Felder. Aus weiter Ferne hörte man, wie die Hirtinnen die Kühe lockten und wie die Glöckchen der Lämmer klingelten. Tannen und Fichten bekleideten sich so dicht mit kleinen roten Zapfen, daß die Bäume wie Seide leuchteten. Der Wacholder trug Beeren, die jeden Augenblick die Farbe wechselten. Und die Waldblumen bedeckten den Boden, daß er davon ganz weiß und blau und gelb war.

Abt Johannes beugte sich zur Erde und brach eine Erdbeerblüte. Und während er sich aufrichtete, reifte die Beere. Die Füchsin kam aus ihrer Höhle mit einer großen Schar von schwarzbeinigen Jungen hinter sich her. Sie ging auf die Räubermutter zu und rieb sich an ihrem Rock, und die Räubermutter beugte sich zu ihr hinunter und lobte ihre Jungen. Der Uhu, der eben seine nächtliche Jagd begonnen hatte, kehrte wieder nach Hause zurück, ganz erstaunt über das Licht, suchte seine Schlucht auf und legte sich schlafen. Der Kuckuck rief, und das Kuckucksweibchen umkreiste mit einem Ei im Schnabel die Nester der Singvögel.

Die Kinder der Räubermutter stießen zwitschernde Freudenschreie aus. Sie aßen sich an den Waldbeeren satt, die groß wie Tannenzapfen an den Sträuchern hingen. Eines von ihnen spielte mit einer Schar junger Hasen, ein anderes lief mit den jungen Krähen um die Wette, die aus dem Nest gehüpft waren, ehe sie noch flügge waren, das dritte hob die Natter vom Boden und wickelte sie sich um Hals und Arm. Der Räubervater stand draußen auf dem Moor und aß Brombeeren. Als er aufsah, ging ein großes schwarzes Tier neben ihm einher. Da brach der Räubervater einen Weidenzweig und schlug dem Bären auf die Schnauze. – »Bleib du, wo du hingehörst«, sagte er. »Das ist mein Platz.« Da machte der Bär kehrt und trabte nach seiner Seite fort.

Immer wieder kamen neue Wellen von Wärme und Licht, und jetzt brachten sie Entengeschnatter vom Waldmoor her. Gelber Blütenstaub von den Feldern schwebte in der Luft. Schmetterlinge kamen, so groß, daß sie wie fliegende Lilien aussahen. Das Nest der Bienen in einer hohlen Eiche war schon so voll von Honig, daß er am Stamm hinuntertropfte. Jetzt begannen auch die Blumen sich zu entfalten, deren Samen aus fremden Ländern gekommen waren. Die Rosenbüsche kletterten um die Wette mit den Brombeeren die Felswand hinan, und oben auf der Waldwiese sprossen Blumen, so groß wie ein Menschengesicht. Abt Johannes dachte an die Blume, die er für Bischof Absalon pflücken wollte, aber eine Blume wuchs herrlicher heran als die andere, und er wollte die allerschönste wählen.

Welle um Welle kam, und jetzt war die Luft so von Licht durchtränkt, daß sie glitzerte. Und alle Lust und aller Glanz und alles Glück des Sommers lächelte rings um Abt Johannes. Es war ihm, als könnte die Erde keine größere Freude bringen als die, die ihn über den plötzlichen Anbruch der schönen Jahreszeit erfüllte, und er sagte zu sich selbst: »Jetzt weiß ich nicht, was die nächste Welle, die kommt, noch an Herrlichkeit bringen kann.« Aber das Licht strömte noch immer zu, und jetzt deuchte es Abt Johannes, daß es etwas aus einer unendlichen Ferne bringe. Er fühlte, wie überirdische Luft ihn umwehte, und er begann zitternd zu erwarten, es würde nun, nachdem die Freude der Erde gekommen war, des Himmels Herrlichkeit anbrechen. Abt Johannes merkte, wie alles still wurde: die Vögel verstummten, die jungen Füchslein spielten nicht mehr, und die Blumen ließen ab zu wachsen. Die Seligkeit, die nahte, war von der Art, daß einem das Herz stillstehen wollte; das Auge weinte, ohne daß es darum wußte, die Seele sehnte sich, in die Ewigkeit hinüberzufliegen. Aus weiter, weiter Ferne hörte man leise Harfentöne und überirdischen Gesang. Abt Johannes faltete die Hände und sank in die Knie. Sein Gesicht strahlte von Seligkeit. Nie hatte er erwartet, daß es ihm beschieden sein würde, schon in diesem Leben des Himmels Wonne zu kosten und die Engel Weihnachtslieder singen zu hören.

Aber neben Abt Johannes stand der Gärtnergehilfe, der ihn begleitet hatte. Er sah den Räuberwald voll Grün und Blumen, und er wurde zornig in seinem Herzen, weil er sah, daß er einen solchen Lustgarten nie und nimmer schaffen könnte, wie er sich auch mit Hacke und Spaten mühte. Und er vermochte nicht zu begreifen, warum Gott solche Herrlichkeit an das Räubergesindel verschwende, das seine Gebote mißachtete.

Gar dunkle Gedanken zogen durch seinen Kopf. Das kann kein rechtes Wunder sein, dachte er, das sich bösen Missetätern zeigt. Das kann nicht von Gott stammen, das ist aus Zauberei entsprungen. Es ist von des Teufels List hierhergesandt. Es ist die Macht des bösen Feindes, die uns verhext und uns zwingt, das zu sehen, was nicht ist.

In der Ferne hörte man Engelsharfen klingen, und Engelsgesang ertönte, aber der Laienbruder glaubte, daß es die böse Macht der Unholde sei, die nahe. »Sie wollen uns locken und verführen«, seufzte er, »nie kommen wir mit heiler Haut davon, wir werden betört und dem Abgrund verkauft.«

Jetzt waren die Engelscharen so nahe, daß Abt Johannes ihre Lichtschatten zwischen den Stämmen des Waldes schimmern sah. Und der Laienbruder sah dasselbe wie er, aber er dachte nur, welche Arglist darin läge, daß die bösen Geister ihre Künste gerade in der Nacht betrieben, in der der Heiland geboren war. Dies geschah ja nur, um die Christen um so sicherer ins Verderben zu stürzen.

Die ganze Zeit über hatten Vögel Abt Johannes' Haupt umschwärmt, und er hatte sie zwischen seine Hände nehmen können. Aber vor dem Laienbruder hatten sich die Tiere gefürchtet: kein Vogel hatte sich auf seine Schulter gesetzt, und keine Schlange spielte zu seinen Füßen. Nun war da eine kleine Waldtaube. Als sie merkte, daß die Engel nahe waren, nahm sie ihren ganzen Mut zusammen und flog dem Laienbruder auf die Schulter und schmiegte das Köpfchen an seine Wange. Da vermeinte er, daß der Zauber ihm nun völlig auf den Leib rückte, ihn in Versuchung zu führen und zu verderben. Er schlug mit der Hand nach der Waldtaube und rief mit lauter Stimme, so daß es durch den Wald hallte:

»Zeuch du zur Hölle, von wannen du kommen bist!« Gerade da waren die Engel so nahe, daß Abt Johannes den Hauch ihrer mächtigen Fittiche fühlte, und er hatte sich zur Erde geneigt, sie zu grüßen. Aber als die Worte des Laienbruders ertönten, da verstummte urplötzlich ihr Gesang, und die heiligen Gäste wendeten sich zur Flucht. Und ebenso floh das Licht und die milde Wärme in unsäglichem Schreck vor der Kälte und Finsternis in einem Menschenherzen. Die Dunkelheit sank auf die Erde herab wie eine Decke, die Kälte kam, die Pflanzen auf dem Boden schrumpften zusammen, die Tiere enteilten, das Rauschen der Wasserfälle verstummte, das Laub fiel von den Bäumen, prasselnd wie Regen.

Abt Johannes fühlte, wie sein Herz, das eben vor Seligkeit gezittert hatte, sich jetzt in unsäglichem Schmerz zusammenkrampfte. Niemals kann ich dies überleben, dachte er, daß die Engel des Himmels mir so nahe waren und vertrieben wurden, daß sie mir Weihnachtslieder singen wollten und in die Flucht gejagt wurden.

In demselben Augenblick erinnerte er sich an die Blume, die er Bischof Absalon versprochen hatte, und er beugte sich zur Erde und tastete unter dem Moos und Laub, um noch im letzten Augenblick etwas zu finden. Aber er fühlte, wie die Erde unter seinen Fingern gefror und wie der weiße Schnee über den Boden geglitten kam.

Da war sein Herzleid noch größer. Er konnte sich nicht erheben, sondern mußte auf dem Boden liegenbleiben.

Aber als die Räubersleute und der Laienbruder sich in der tiefen Dunkelheit zur Räuberhöhle zurückgetappt hatten, da vermißten sie Abt Johannes. Sie nahmen glühende Scheite aus dem Feuer und zogen aus, ihn zu suchen, und sie fanden ihn tot auf der Schneedecke liegen.

Und der Laienbruder hub an zu weinen und zu klagen, denn er erkannte, daß er es war, der Abt Johannes getötet hatte, weil er ihm den Freudenbecher entrissen, nach dem er gelechzt hatte.

Aber als Abt Johannes nach Öved hinuntergebracht worden war, sahen die, die sich des Toten annahmen, daß er seine rechte Hand hart um etwas geschlossen hielt, was er in seiner Todesstunde umklammert haben mußte. Und als sie die Hand endlich öffnen konnten, fanden sie, daß, was er mit solcher Stärke festhielt, ein paar weiße Wurzelknollen waren, die er aus Moos und Laub hervorgerissen hatte. Und als der Laienbruder, der Abt Johannes geleitet hatte, diese Wurzeln sah, nahm er sie und pflanzte sie in des Abtes Garten in die Erde.

Er pflegte sie und wartete das ganze Jahr, daß eine Blume daraus erblühe, doch er wartete vergebens den ganzen Frühling und Sommer und Herbst. Als endlich der Winter anbrach und alle Blätter und Blumen tot waren, hörte er auf zu warten. Als aber der Weihnachtsabend kam, da überkam ihn die Erinnerung an Abt Johannes so mächtig, daß er in den Lustgarten hinausging, seiner zu gedenken. Und siehe, wie er nun an der Stelle vorbeikam, wo er die kahlen Wurzelknollen eingepflanzt hatte, da sah er, daß üppige grüne Stengel daraus emporgesproßt waren, die schöne Blumen mit silberweißen Blüten trugen. Da rief er alle Mönche von Öved zusammen; und als sie sahen, daß diese Pflanze am Weihnachtsabend blühte, wo alle anderen Blumen tot waren, erkannten sie, daß sie wirklich von Abt Johannes aus dem Weihnachtslustgarten im Göinger Wald gepflückt war. Aber der Laienbruder sagte den Mönchen, nun ein so großes Wunder geschehen sei, sollten sie einige von den Blumen dem Bischof Absalon schicken.

Als nun der Laienbruder vor Bischof Absalon hintrat, reichte er ihm die Blumen und sagte: »Dies schickt dir Abt Johannes. Es sind die Blumen, die er dir aus dem Weihnachtslustgarten im Göinger Walde zu pflücken versprochen hat.«

Und als Bischof Absalon die Blumen sah, die in dunkler Winternacht der Erde entsprossen waren, und als er die Worte hörte, wurde er so bleich, als wäre er einem Toten begegnet. Eine Weile saß er schweigend da, dann sagte er: »Abt Johannes hat sein Wort gut gehalten: so will auch ich das meine halten.« Und er ließ einen Freibrief für den wilden Räuber ausstellen, der von Jugend an friedlos im Walde gelebt hatte.

Er übergab dem Laienbruder den Brief, und

dieser zog damit von dannen, hinauf in den Wald und suchte den Weg zur Räuberhöhle. Als er am Weihnachtstage dort eintrat, da eilte ihm der Räuber mit erhobener Axt entgegen.

»Ich will euch Mönche niederschlagen, so viel euer auch sind!« rief er. »Sicherlich hat sich um euretwillen der Göinger Wald nicht in sein Weihnachtskleid gehüllt.«

»Es ist einzig und allein meine Schuld«, sagte der Laienbruder, »und ich will gerne dafür sterben. Aber zuerst muß ich dir eine Botschaft von Abt Johannes bringen.« Und er zog den Brief des Bischofs heraus und verkündete ihm, daß er nicht mehr vogelfrei sei, und zeigte ihm das Siegel Absalons, das an dem Pergamente hing.

»Fortab sollst du mit deinen Kindern im Weihnachtsstroh spielen, und ihr sollt das Christfest unter den Menschen feiern, wie es der Wunsch des Abtes Johannes war«, sagte er.

Da blieb der Räubervater stumm und bleich stehen, aber die Räubermutter sagte in seinem Namen: »Abt Johannes hat sein Wort getreulich gehalten, so wird auch der Räubervater das seine halten.«

Doch als der Räubervater und die Räubermutter aus der Räuberhöhle fortzogen, da zog der Laienbruder hinein und hauste dort einsam im Walde unter unablässigem Gebet, daß sein hartes Herz ihm verziehen werde.

Und niemand darf ein strenges Wort über einen sagen, der bereut und sich bekehrt hat, wohl aber kann man wünschen, daß seine bösen Worte ungesagt geblieben wären, denn nie mehr hat der Göinger Wald die Geburtsstunde des Heilandes gefeiert, und von seiner ganzen Herrlichkeit lebt nur noch die Pflanze, die Abt Johannes dereinst gepflückt hat.

Man hat sie Christrose genannt, und jedes Jahr läßt sie ihre weißen Blüten und ihre grünen Stengel um die Weihnachtszeit aus dem Erdreich sprießen, als könnte sie nie und nimmer vergessen, daß sie einmal in dem großen Weihnachtslustgarten gewachsen ist.

Trollmusik

Damit jedermann begreifen kann, daß es ein wirkliches Wunder war, ein wahrhaft großes übernatürliches Zeichen, das dem alten Orgelspieler widerfuhr, muß ich erst ein wenig von der Orgel reden, die er zu spielen hatte.

Denn die Orgel war ein ganz greuliches und boshaftes altes Instrument. Sie war eine wahre Fabrik für Dissonanzen. Ja, das ist nicht zuviel von ihr behauptet: sie hatte sich zu einer Art Zufluchtsort gemacht für alles Entsetzen, das nach Stimme lechzte, um sich hören zu lassen, für alles, was lärmt und rast und brüllt und posaunt.

Die Orgel war ein ganz geheimnisvolles Wesen. Zuweilen war sie recht beherrscht in ihrem Auftreten, so wie auch der Wind nicht immer Sturm ist und die Wärme nicht immer Hitze. Aber wenn sie einen Liedervers oder zwei mit so zarten Tönen begleitet hatte, daß man glauben konnte, ein Engelsflügel und nicht diese alten Pfeifen hätte sie hervorgepreßt, dann konnte sie nicht weiter. Dann war es, als müsse sie sagen: »Lieber Gottvater, ich will Dich nicht betrügen. Ja, so wollten wir, daß es auf der Erde klingen solle, aber so ist es nicht. Wenn die Menschen vor Dich hintreten, sind ihre Worte glatt und ihre Stimmen mild, aber das ist bloß Heuchelei. Hör mir nun zu! So klingt es in ihren Herzen und so hallt es wider überm Land.« Und dann erbrauste die Orgel in allen Tonarten des Gräßlichen, wie kein Instrument der Welt ihresgleichen hat. Denn sie war ein ganzer Sumpf von Jammer, ein ganzer Abgrund von Geheul. In ihrem Dienst standen der Schrei der Finsternis und die Löwenstimme der Begierde und der orkanwütige Donner des Zornes. Und wenn sie dann hinausgestürmt war mit Schrecken und Verzweiflung, mit Fledermausschrei und Rabenschrei, mit Hohnlachen und Pfeifen, mit dem Zischen der Schlangen und dem Schluchzen der Menschen und mit Lawinen und Kriegsdonner und rollenden Wettern, so brach ein kupferner Donner wie von den Posaunen des Gerichts alles miteinander ab, gerade als wenn unser Herr nun endlich die Geduld verloren hätte und für den großen Tag der letzten Abrechnung das Zeichen gäbe.

Dann wurde die Orgel wieder ruhig und begleitete den letzten Liedervers mit einem dumpfen unentwegten Gemurmel, einem brummelnden Protest wie von einem, der vor Schrecken verstummt ist, es aber doch nicht lassen kann zu murren.

Aber die, die an die Orgel gewöhnt waren, fragten nicht weiter danach. Es lag auch etwas Beruhigendes darin, daß man so genau wußte, daß es die Orgel selbst war, die den ganzen Lärm und Spektakel anstellte. Und unter solchen Umständen hatte man ja keinen, auf den man schimpfen konnte.

Denn wenn man den guten alten Küster und Orgelspieler betrachtete, der das sanfteste Geschöpf der Welt war, wurde es einem so klar, daß er nichts mit dem Lärm und den Greueln zu schaffen hatte. Und wenn man daran dachte, daß er niemals irgendwelchen Unterricht im Orgelspiel erhalten hatte, sondern daß es nur Talent und Draufgängertum waren, die ihn vor etwa fünfzig Jahren zum Musiker gemacht hatten, dann traute man ihm ja niemals zu, irgendeine Orgel der Welt regieren zu können, geschweige denn die, mit der er für sein Teil umzugehen hatte. – Und nun werde ich so allmählich dahin kommen, von dem Wunder zu berichten. – Es war eine Weihnacht, so wie unser alter Küster sie erlebte, und ich darf sagen, gerade um Weihnachten pflege ich oft und viel an ihn zu denken. Denn es ist, als ob mich die Freude am Weihnachtsabend fliehen will. Da gehe ich unwirsch herum und wundere mich über die Lichter und die fröhlichen Gesichter und über die Weihnachtsgeschenke. Und ich suche vergebens nach dem großen herzerhebenden Weihnachtsfrieden. So war es auch mit ihm. Es war unmöglich für ihn, am Weihnachtsabend froh zu sein.

Was für ein guter und freundlicher Mann war er doch, dieser Alte! Das ganze Jahr war sein Herz gutgelaunt und sein Gesicht voller Sonnenschein.

Nur Weihnachten und an Weihnachten nur der Heilige Abend hatte es auf seinen Frieden abgesehen. Nicht etwa, weil er das Weihnachtsfest nicht geliebt hätte. Ach, es ist viel gefährlicher, es zu sehr zu lieben. Er stellte zu große Ansprüche daran. Heiligabend wollte er groß und herrlich haben wie keinen anderen Tag, und die Menschen wollte er ebenso groß und herrlich haben wie den Tag.

Aber wenn man ihn selbst gefragt hätte, würde er gesagt haben, die Trolle seien schuld, daß er am Weihnachtsabend nicht froh sein könne, ja, nicht gerade sie seien schuld, aber eine große und gerechte Rache, die sie ausübten. In des Küsters Geschlecht war einer gewesen, der an diesem Tage eine Missetat begangen hatte.

Glaubt nun aber nicht von ihm, daß er von Altweiberschnack und Aberglauben voll war. Denkt daran, daß er ein alter Schullehrer war! Denkt daran, daß all die Jahre, in denen er das künftige Geschlecht Sinn und Verstand gelehrt hatte, kaum noch zu zählen waren! Man konnte sich kreuz und quer durch sein Gehirn schinden, in ihm hinauf und hinunter klettern, bevor man zwischen Rechentabellen und Psalmmelodien und Personallisten bis zu diesem einen grünen Fleckchen Aberglauben durchdringen konnte.

Einer von des Küsters Vorfahren war im Dom zu Karlstad Organist gewesen. Das war lange her, ach, so unendlich lange her, doch entsann man sich noch, welch süße Melodien und gewaltige Tonmassen er hervorlocken konnte, so daß die Menschen von weit her gefahren kamen, um ihn zu hören. Eines Sonntags, es war gerade ein Heiligabend, stand da ein Bauer, als der Organist aus der Kirche kam, und lehnte sich an das Geländer der Chortreppe. Der Organist klopfte dem Bauer auf die Schulter und redete ihn an: »Na, Alter, hast du schon mal so ein Spiel gehört?«

»Ich will dir bloß sagen, ich habe noch etwas Schöneres gehört«, antwortete der Bauer darauf, »und das ist, wenn daheim im Berg in der Weihnacht die Trolle spielen.«

Da bekam der Orgelspieler mächtige Lust, solch wunderbare Musik zu hören, und sagte: »Kann nicht auch ich das hören?« Der Entschluß war schnell gefaßt, der Orgelspieler fuhr mit dem Bauern fünf Meilen hinaus aufs Land, um die Trolle in der Weihnacht spielen zu hören.

Ach, wie gut kenne ich den Weg, den sie fuhren, wie schmal und unscheinbar schlängelt er sich zwischen den hohen schwarzen Bäumen. Die Hügel sind abschüssig, so daß das Pferd die Beine nebeneinandersetzt und hinunterschlittert, die Eisrinde macht den Weg schief und glatt, so daß der Schlitten hinausschlingert bis an den jähen Abgrund der Tiefe, das Pferd ist ein ungebärdiges Fohlen, es springt und tanzt und jagt wie der Wind, und der

Kutscher lacht noch am Rande des Abgrunds und spielt mit dem Zügel.

Sie hielten vor des Bauern Hütte, gerade als die Grütze aufgetragen wurde. Es war schon spät am Abend.

Aber gegen Mitternacht gingen sie alle, Männer und Frauen, mit feierlichen Gesichtern hinaus aus der Hütte und sie erklommen einen kahlen Hügel, der nahe beim Hof emporragte. Und ganz still, von großer Andacht erfüllt, standen sie dort und warteten darauf, die Trolle den Herrn der Weihnacht feiern zu hören.

Dann klang ein Ton durch die Nacht und ein zweiter. Drunten im Berg stimmten die Trolle ihr Weihnachtslied an. Die grauen Trolle, die lichtscheuen, klumpfüßigen, buckligen Scheusale, die sonst in Kälte und Finsternis in ihren Berghöhlen saßen, sie sangen und spielten. Und es mag schon wahr sein, daß sie in dieser Nacht unter roten Goldpfeilern saßen und alles rings um sie her flammende Pracht war, denn nun erklangen ihre kleinen Fiedeln, und ihre rauhen Stimmen tönten überaus lieblich. Wenn der Küster, unser Küster, das erzählte, pflegten ihm die Tränen in die Augen zu treten. »Ihr könnt sicher verstehen, wie rührend es war, das zu hören«, pflegte er zu sagen. »Denkt daran, daß es in der großen stummen Nacht so schön sein sollte! Denkt nur an das Sehnen und die Hoffnung, die die Armen in ihren Lobgesang legten. Ich weiß so genau, daß der große Mann, mein Erzvater, glaubte, niemals etwas Schöneres gehört zu haben.«

»Aber weshalb tat er dann, was er tat?« – »Ja«, antwortete der Küster, »das kam so mit einemmal über ihn. Das war ein Donnerschlag, wie wenn eine große Tanne im Wald über ihn gestürzt sei. Er dachte etwa so: Kennen die, die da spielen, Christus? Können diese Ungetauften Weihnachten feiern? Hier lauschen wir denen, die keine Seele haben, aber wen anders feiern sie in dieser Nacht als ihren Herrn, den Teufel? Und er warf sich zur Erde, so jach, als hätte eine starke Hand ihn gefällt und rief: ›Im Namen des Bösen halt ein!‹«

»Damit tat er eine große Sünde, Vater Küster.«

»Ja, natürlich, große Sünde, große Sünde. Es ging ein solcher Schrecken durch die ganze Natur. Berg und Hügel standen und warteten auf der Engel Friedensgruß und es kamen statt seiner solche Worte. Der Berg zitterte und die Sterne flackerten wie ausgebrannte Lichte. Tief unten in der Erde hörte man die Harfenstränge reißen und die Pfeiler stürzen und die Stimmen ersterben in Getöse und Gebrumm. Aber der Orgelspieler, er hatte am meisten gegen sich selbst gesündigt, der Lebenssaft in ihm versteinte. Er versuchte aufzustehen, konnte aber nicht. Er kam auf die Knie, mehr vermochte er nicht. Dann breitete er die Arme aus, stürzte hintenüber, schlug den Kopf hart auf den Boden und war tot. – Und das begreife ich so gut, daß er sterben mußte«, fuhr der Küster fort, »und ich begreife, daß die Trolle noch heute unten im Berg sitzen und Rache brüten. Denn das ist doch wirklich merkwürdig, daß ich, der aus demselben Geschlecht stammt wie jener angesehene Mann, wenn wir jetzt auch nur Bauern sind, hierher gekommen und Küster geworden bin und hier im Hof unterm Trollberg wohne. Und sonst tun mir die Trolle nichts Böses, aber Heiligabend sind sie hinter mir her mit allen möglichen Denkzetteln.« Und da gab es keinen Pardon für ihn. Das ganze Jahr war der Küster rosiger Laune, aber jeden Heiligabend raubten ihm die Trolle seine erprobte, gute, spiegelglatte Gemütsruhe.

Ach, er hätte es verstanden, Weihnachten zu feiern. Lange vorher legte er sich kleine Späße und Verse und Überraschungen zurecht, mit denen er aufwarten wollte. Aber wenn es dann soweit war, war er böse und mürrisch, und meistens rückte er mit seinen Geschenken nicht vor dem Weihnachtstag heraus, denn da war er wieder Mensch.

Es verhielt sich ja so, daß die Trolle seit der Nacht, in der sie gestört worden waren, niemals wieder gespielt hatten, und deshalb pflegte er manchmal zu sagen: »Mit mir wird es nicht wieder gut, bis ich die Trolle wieder spielen gelehrt habe.«

»Aber wie sollte das zugehen, Vater Küster?«

»Das weiß ich nicht, darüber habe ich mir den

Kopf zerbrochen, seit ich Küster in Svartsjö bin, und das bin ich nun bald fünfzig Jahre.«

Das war nun sein siebzigster Heiligabend, und er nahm sich wirklich fest vor, diesmal sollte es ein Weihnachtsabend werden.

Als er aufwachte, war er guter Laune, und dann bekam er einen herrlichen Einfall. Er mußte es nur sein lassen, sich zu ärgern. Das war das einzige, was nötig war: nur sein lassen, sich zu ärgern, dann mußte ja seine Laune den Tag über durchhalten!

So ging er herum und war auf seiner Hut. Er war zu allen Menschen sanft und liebevoll, um nur die Weihnachtsfreude nicht einzubüßen. Den ganzen Vormittag war die Küche von bettelnden Frauen belagert, und als er die vollen Tüten sah, mit denen sie abzogen, konnte er nur staunen, wovon sie selbst leben sollten, denn sie waren weiß Gott nicht reich, aber er ärgerte sich nicht. Es war gut, ein barmherziges und mildtätiges Weib zu haben, und er freute sich darüber.

Den ganzen Vormittag blieb er ziemlich sich selbst überlassen, denn alle waren mit ihren Dingen beschäftigt. Nachdem sie an die zwei Stunden vergessen hatten, ihm Frühstück zu geben, kam er zur Küchentür und bat darum, aber die ganze Zeit war er sanft und liebevoll. Sanft und liebevoll bezeigte er sich auch gegen Unseren Herrn, obgleich der ein Matschwetter losließ, das alle Schlittenbahnen verdarb, nun wußte keiner, wie die Leute am nächsten Morgen zur Kirche kommen sollten. Nein, er war mit allem zufrieden, er wollte sich nicht ärgern.

Gegen Mittag wurde das Wetter besser, und der Küster ging aus. Gerade in der Gartentür stieß er auf den alten Trommelschläger Agrippa Prestberg.

Es gibt nicht viele, die sich vorstellen können, was es mit dieser Begegnung auf sich hatte. Aber wenn es einen greulichen Anblick gab, dann war es der alte Agrippa. Sein großer knochiger Körper war mit Lumpen bedeckt, und sein gelbliches Gesicht mit zottigem Haar und zottigem und struppigem Bart war mager und knochig. Mit dem einen tückischen Auge konnte er sehen, das andere, in dem sich das Weiße entzündet hatte und am Rande eiterte, war blind. Und er hatte eine Nase, die krumm und groß und schief und komisch war, wie bei keinem anderen Tier in der Natur – alles mögliche an Habgier und Hochmut und Kampfhahntemperament und Trinksucht und Leiden war in ihr ausgedrückt.

»Bumm, bumm, bumm«, sagte der alte Prestberg wie gewöhnlich, »packt euch, ihr Bauern, und kriecht in die Klappe, denn hier kommt Jonas Utter Agrippa Prestberg, die Trommelstöcke in der Hand, um euch kurz und klein zu schlagen. Bumm für dich und bumm für dich, bumm, bumm, bumm.«

»Bist du so streng heute, Agrippa«, sagte der Küster, »es ist doch Weihnachten heute.«

Worauf Agrippa, der Heide, eine Tirade gegen Gott und Priesterschaft losließ, daß einem das Herz im Leibe erbeben konnte. Aber der Küster hielt sich tapfer. Er wollte seine gute Laune nicht verlieren.

»Wohin wirst du an solch einem Tage gehen?« sagte dann der Küster. »Nach Haus zur Alten natürlich. Weihnachten soll sie doch die Freude haben, ihren Mann nach Hause zu bekommen. Und Gebete brabbeln gibt's nicht, aber saufen woll'n wir. Einen vergnügten Abend soll sie sich machen, die Prestberg-Alte«, und er zeigte dem Küster die Branntweinflasche, die aus seiner Rocktasche hervorsah.

Agrippas Hütte lag auf dem Trollberg, gerade über dem Küsterhof. Dort oben wohnten mehrere arme Familien, recht lockeres und übles Pack. Bekamen die nun Branntwein hinauf, würde es ein Hallo geben.

Und als sich der Küster von Prestberg verabschiedete, ermahnte er ihn, den Abhang vorsichtig hinaufzugehen, der Weg war glatt dort. Worauf der alte Agrippa achtlos seiner Wege marschierte, und den Stock schwenkte er in der Luft. Denn ein solcher Narr war er, und der Küster wußte das und hatte ihn gerade deshalb gewarnt, und als er sah, daß er fiel und seine Flasche zerbrach, wußte er auch, daß er daran schuld war. So, nun würde es diesen Heiligabend oben auf dem Trollberg keine Sauferei geben. Das wollte er gern verantworten. – Aber jetzt sah er auf der Landstraße einen großen Trupp Bettler, die in seine Straße hinauf abschwenkten. Da zögerte er nicht länger, sondern kletterte selbst den Trollberg hinauf und rief eine kleine schwarze Frau an, die in ihrer Tür stand. »Du, Brita«, sagte er, »willst du etwa deine Tochter und ihren Mann und die acht Jungen über Weihnachten hier behalten? Hast du vielleicht was für sie zu essen? Kommt da was anderes raus, als daß sie sich alles, was sie brauchen, bei uns zusammenbetteln? Laß sie laufen, rat' ich dir, wenn sie kommen. Hat sich deine Tochter mit einem Spitzbuben eingelassen, mag sie sich nach der Decke strecken. Aber du darfst anderen Christenmenschen nicht das Weihnachtsfest verleiden, indem du uns das Diebsgesindel auf den Hals schickst.«

Als er den Berg wieder heruntergehen wollte, trat ein kleiner feierlicher Mann aus einer Hütte. Er war ganz kahlköpfig und glattrasiert, von Zufriedenheit leuchtend, ein Lächeln war in seiner Stimme und irgend etwas Haltloses in seinem Blick.

Das war der Kaiser. Er war ein armer guter Mann, der seinen gesamten Besitz eingebüßt hatte und sich nun auf einem anderen Gebiet schadlos hielt.

Denn als die Menschen sahen, daß er als Ersatz für seinen Hof Träume und als Lösegeld für sein Vieh Fabeln gelten ließ, da wurden sie freigebig gegen ihn. Er hatte eine alte Frau, aus der konnten sie nichts machen, aber er hatte eine junge Tochter, die außerhalb in Stellung war, die machten sie zur Kaiserin. Und sie versprachen ihm, diese Tochter würde kommen und ihm ein Kaiserreich schenken. Keiner war knauserig gegen den Kaiser, was man Großes und Prächtiges wußte, das gab man ihm, und besonders die Heimkehr der Tochter feierte man mit großen Ehrenpforten, mit Festessen und Hallo, mit jungen Damen in Seide und wahnsinnigem Geschieße. Und er erwartete sie alle Tage, aber besonders an den großen Feiertagen.

Dann ging er auf den Küster zu und flüsterte, in dieser Nacht würde die Kaiserin kommen. Jetzt war es ganz sicher. In der Kirche würde man Lichter für sie anzünden, und das Volk sollte ihr mit Fackeln entgegengehen und sie empfangen. »Ola Jansson«, sagte der Küster streng, »weißt du nicht, wer in dieser Nacht kommt?«

Das wußte der Kaiser wohl. Er war eigentlich nicht verrückt. Er konnte es nur nicht lassen, zu träumen. Er war auch ein gottesfürchtiger Mann. »Aber sie kommt auch«, sagte er schmeichelnd.

»Sie kommt nicht, du«, sagte der Küster. »Laß dich von den jungen Leuten nicht verrückt machen. Sie kommt nicht, und sie ist keine Kaiserin. Du spielst dich auf wie Gott, Ola Jansson, das wirst du büßen müssen.«

Des Kaisers Körper schrumpfte zusammen. Er löschte sich aus. Bevor der Küster wußte, wie ihm geschah, war er in seine Hütte hineingekrochen oder von der Erde verschluckt worden – verschwunden.

Und der Küster dachte nach. Manche verleugnen Gott und manche machen sich selbst zu Göttern, aber Weihnachten wollen sie alle feiern. Nun sieh einer bloß dieses Teufelspack an! Kommen wahrhaftig lachend und springend und tanzen mit ihren Tüten. Natürlich, Weihnachten wollen sie feiern trotz der Karre voller Diebesgut und des sündigen Gewissens. Aber ich glaube, dieses Jahr wird's auf dem Trollberg nicht so viel mit Weihnachten feiern.

Aber jetzt hatte er sich am Ende doch geärgert. Ja, es war egal, wie er sich anstellte. Er würde niemals seinen Heiligabend haben. Jetzt war es aus mit seinem Frieden. Lebensüberdruß, Schwermut und Hoffnungslosigkeit brachen über ihn herein. Er fühlte sich so furchtbar alt. Und er war von aller Welt verlassen. Zu nichts war er gut, und Geld hatte er keins. Morgen konnten er und die ganze Familie betteln gehen.

An solchen Gedanken krebste er den ganzen Abend. Er saß finster und düster in seinem Winkel und konnte kein Wort herausbringen. Die anderen kümmerten sich nicht um ihn, sie waren an diese Weihnachtsabendlaune gewöhnt. Da er bald mit sich im reinen war, daß dies sein letzter Heiligabend sei, packte ihn eine große Verzweiflung, auch deshalb, weil er die Trolle nicht hatte versöhnen können. So alt er war, war es ihm noch nicht gelungen, sie wieder in der Weihnachtsnacht zum Spielen zu bringen. Und dann schien ihm, jetzt oder niemals müsse das geschehen. Er war so zermürbt von Schmerz, daß er nicht ganz so kalt und ruhig handelte wie sonst.

Er erwischte eine Ziehharmonika, das einzige Instrument, das er auftreiben konnte, und ging fort. Gebrechlich und schwerfällig, wie er war, begann er im abendlichen Dunkel den Trollberg hinaufzuklettern, aber das war nicht gerade die leichteste Sache.

Als er bei Kaisers vorbeiging, fiel ihm ein, er könne auf einen Sprung da hineingehen und sich eine Laterne verschaffen. Als er die Tür öffnete, sah er den Alten und seine Frau schweigend am Kamin sitzen. Kein Licht brannte, kein Essen kochte. Rauch und ein saurer Brandgeruch schwelten über der Herdplatte.

»Wie steht's hier drin bei euch?« fragte der Küster. »Ach«, antwortete die Frau, »Ola weint den ganzen Abend, da machen wir weiter nichts her.«

»Weint Ola«, platzte der Küster heraus, »aber weiß er denn nicht, daß sie kommt, sie, seine Tochter. Sie kommt zu Neujahr, trotzdem sie heute nacht nicht konnte. Und sieh mal, was sie schickt, Ola.« Und er griff in seine Taschen, die mit Bonbons und Weihnachtsflitter voll waren, obwohl er es nicht übers Herz gebracht hatte, das Zeug auszukramen, und angelte einen großen goldenen Papierstern ans Licht. »Rappel dich, Alter, und putz dir 'nen Baum«, sagte er. »Steck den hier morgen an deine Jacke, dann werden die Mädels auf dem Kirchplatz vor dir knicksen.«

So redete der Küster in seiner Verzweiflung. Es war ihm gleich, was daraus wurde. Er wollte die Menschen nicht quälen. Sie wurden nicht besser davon.

Als der Küster von Kaisers fortging, überlegte er eine Weile, und dann ging er zu Prestberg hinein. Dort war dasselbe Dunkel und dieselbe Misere, aber hier war es die Frau, die weinte. »Du, Prestberg«, sagte der Küster und fühlte, daß er nicht länger mit ihnen rechten konnte, »hast du nicht gehört, daß ich dir sagte, du kannst den Branntwein bei mir holen, weil dir die Flasche kaputtging. Es ist noch nicht zu spät, du. Und mach Licht und mach deiner Alten einen vergnügten Abend, Prestberg.«

Er schleppte sich weiter zwischen den kleinen Häusern hin und kam zu Mutter Britas Hütte. Dort drin war Licht. Auf Fußboden und Bänken lagen und saßen Männer, Frauen und Kinder und ließen die Schnapsflasche reihum gehen. Sie tranken schweigend und waren tief verstimmt. Mutter Brita hatte alles Spielen und Toben und Singen verboten. Sie hatte sie am Vormittag hinausgeworfen und am Abend ganz heimlich wieder hereingelassen. Aber Lärm und Spektakel durften nicht gemacht werden, das hätte man auf dem Küsterhofe hören können.

Der Küster sagte guten Tag, sah sofort, wie es hier drin stand, lachte mürrisch bei sich selbst und fing an, Ziehharmonika zu spielen. Die Leute stürzten ihm entgegen, wollten sehen, wer gekommen war, und ihn zum Schweigen bringen, und nun war es der Küster selbst, der dastand und lachte. Das war beileibe keine Freude, nur Galgenhumor. Danach kam Leben in die Bude auf dem Trollberg, denn dort hielt man des Küsters Freundlichkeit für echt.

Und nun erinnert euch bitte, was ich von der Orgel sagte, die der Küster spielen sollte: daß sie ein ganzer Sumpf von Jammer war, ein ganzer Abgrund von Geheul, und außerdem denkt bitte daran, daß sie sich immer selbst zu regieren pflegte.

Am Weihnachtsmorgen kam der Küster zu ihr hinauf und sollte anfangen zu spielen. Er war müde und erledigt. Die ganze Welt war erbärmlich, er selbst am allermeisten. Spitzbuben hatte er zur Freude verholfen und Gottesleugnern zum Rausch. Und jetzt sollte er vor seinem Gott spielen und singen. Der Alte hatte die ganze Nacht nicht schlafen können. Er fand, er sei zu gutmütig mit dem Pack gewesen.

Dann fing die Orgel an zu spielen, und der Küster horchte, die ganze Gemeinde horchte. Die Orgel hatte immer ihren Kopf für sich, aber heute war sie wohl ganz verrückt. Die Orgel spielte voller Wohllaut, ihr entströmten große, lichte Harmonien. Ein Vorspiel war es wie für einen Engelschor. Und als der Psalm kam, ergriff sie ihn, schwang ihn empor, trug ihn weit, weit über die Wolken.

Der Küster saß und wagte kaum die Finger zu bewegen. Er hörte es am allerbesten. Das war nicht er, der spielte, das war nicht die Orgel, die spielte, sondern da hinein war ein Volk mit Goldharfen gezogen, und das Volk spielte. Das war Wunder, das war Zauberei.

Die Tränen begannen über des Alten Wangen zu strömen. Und in seine Seele schlich sich der große, herzerhebende Frieden. »Ach, so wolltest Du es haben«, rief er zu Gott, »alles, auch jedes bißchen willst Du annehmen. Ach, da verstehst Du Dich aufs Brockensammeln, Du.«

Und die Orgel fuhr fort, die herrlichste Musik auszuströmen, in ihr war das seligste Verlangen und die unverbrüchliche Hoffnung.

»Ach so«, sagte der Küster, »ach so, alle sollen mit dabei sein, alle. Ohne Ansehen der Person,

Troll und Halunke und Ketzer, Du willst sie alle mit dabei haben.«

Das war eine solche Erleichterung. Das Alte war vollbracht. Er verstand, warum das Volk mit den Goldharfen in seine Orgel eingezogen war. Das war Dank für gestern. Nun hatte er seinen Auftrag in dieser Welt ausgerichtet. Er hatte die Trolle spielen gelehrt.

Eine Weihnachtsgeschichte

Und dann kam der Weihnachtsabend. Die jüngsten Kinder hatten in der Dämmerung ihren Bruder mit sich in eine Ecke des Eßzimmers gelockt und ihn gebeten, Märchen zu erzählen. Er war wohlgeübt in der Kunst, aus freier Hand die wunderbarsten Geschichten zu verfassen. Und nun dichtete er eine Weihnachtssage:

»Als das Kloster dort drüben«, sagte er, »seine machtvollsten Tage hatte und mit fleißigen Mönchen gefüllt war, da gab es dort auch einen überaus frommen Abt. Vater Anselm wurde er genannt und mit ihm war es das Merkwürdige, daß er nicht nur fromm, sondern auch weise und gelehrt war. Die Leute sagten von ihm, er könne zaubern und verstünde die Kunst, Gold zu machen; aber das war nicht wahr. Gewiß hatte er immer mit ängstlichem Eifer nach dem Stein der Weisen geforscht, der die langsame Entwicklung der Metalle beschleunigt und sie in ein paar Stunden zu Gold macht, denn alle Metalle sind eigentlich Gold, das in seiner Entwicklung mißglückt ist. Doch das war wahr, daß er vieles von den wunderbaren Geistern wußte, die in den Pflanzen und in der Luft und im Wasser wohnen, und er kannte deren Zeichen.

Als die Mitternachtsmesse in der Weihnachtsnacht gelesen werden sollte, führte dieser fromme

Abt Anselm seine Mönche nicht in die Klosterkirche, ohne daß er mit ihnen durch den Garten zog. Rauchfässer schwingend und Hymnen zu Ehren des Gottessohnes und seiner Mutter singend, schritten die frommen Männer rund um den von hohen Mauern geschützten Klostergarten. Der Abt schwang den Weihwasserwedel über die kahlen Bäume und die gefrorene Mark. Er wollte, daß die Natur teilhaben sollte an der großen Freude, welche die Weihnachtsnacht allen Wesen der Welt gebracht hat.

Und da geschah es, daß sich innerhalb der schützenden Mauer das wunderbarste Leben entwikkelte. Ein Südwind brauste heran und fegte Kälte und Schnee hinweg. Aus der Erde sprossen grünes Gras und schöngefärbte Blumen. Die Knospen warfen ihre schützenden Hüllen ab und die flaumigen Frühlingsblätter drängten sich hervor. Die Freude darüber, daß Gottes Sohn einmal in die Welt der Menschen eingetreten war, gab den Pflanzen eine solche Kraft, daß sie es vermochten, den Schlaf des Winters und die Fesseln der Kälte zu durchbrechen.

Und nicht früher war der Garten grün gekleidet, ehe nicht alle frierenden Vögel des Waldes hereinkamen, gelockt vom Duft und den warmen Winden, die über ihm spielten. Eichelhäher kamen auf ihren schönen Schwingen und ahmten den Gesang aller Vögel des Sommers nach, während sie sich auf den Zweigen niederließen. Die rote Brust der Dompfaffen glänzte unter dem lichten Laubwerk, die kleinen Zaunkönige kamen staunend mit ihren goldenen Büscheln auf dem Kopf, und alle Spatzen der Bauernhöfe verließen ihre Weihnachtsgarben und kamen und drängten sich in den Büschen mit Seidenschwänzchen und Elstern. Und sogar die Eichhörnchen schwangen sich knurrend vor Wohlbehagen über die Mauer, und die Rehe kamen bis an die Gitterpforte des Gartens und blickten mit ihren schönen Augen herein.

Da ließ der gute Abt die Gartenpforte weit öffnen, damit alle Tiere des Waldes hereinkommen konnten, um sich zusammen mit Pflanzen und Menschen zu freuen.

Das Merkwürdigste von allem war jedoch, daß man auf einmal ein starkes Sausen in der Luft vernahm, als ob ein gefederter Pfeil durch die Luft geflogen kam, und dann senkte sich ein Storch in zierlichen Kreisen herab zu dem guten Abt. Das war des Klosters eigener Storch, der jeden Herbst hinunter nach Ägypten zog. Man kannte ihn wohl. Er hielt eine kleine Flasche im Schnabel und legte sie vor die Füße des Abtes. Der fromme Mann hob sie auf und besah sie und erbebte vor Freude. Sie war mit einer glitzernden Flüssigkeit gefüllt, die er wohl kannte, es war das Wasser des Lebens, oder der Stein der Weisen, das Fluidum, das die großen Meister beschrieben haben. Ein Tropfen davon genügte, um alle Kullersteine des Landes in Gold zu verwandeln. Das war die Weihnachtsgabe der Natur an den frommen Abt, der sie teilnehmen ließ an der Freude der Weihnachtsnacht.

Als die Mitternachtsmesse verrichtet war und Nordwind und Kälte wieder ihre Herrschaft über den Klostergarten angetreten hatten und der gute Abt wieder in seine Zelle gekommen war, füllte er einen Becher mit Wasser und in diesen träufelte er einen einzigen Tropfen von der glitzernden Flüssigkeit. Alles Wasser wurde da auf einmal zu schäumendem und duftendem Wein, und eifrig streckte der Abt seine Hand aus, um den Becher an seine Lippen zu heben und Unsterblichkeit zu trinken.

Aber im gleichen Augenblick gellten Schreie, Rufe und Waffenlärm durch das stille Kloster. Der alte Feind seiner Einwohner, der wohlgeborene Herr Jens Kruse, hatte mit seinen Knechten das Kloster angefallen. Sie hatten die Gartentür offen gefunden und sich eingeschlichen und warfen sich nun über die Mönche in ihren Zellen, um ihnen die Schätze des Klosters zu entreißen. Zu Vater Anselm kam ein rauher Knecht, der lachte, ihn mit dem schäumenden Becher vor sich zu finden. Der Krieger stürzte sich auf ihn, band seine Hände und leerte seinen Becher. Die Flasche mit dem Wasser des Lebens warf er auf den Boden, und wie Funken flogen die Tropfen in der Zelle umher.

Dieser Kriegsknecht zog danach in vielen Kriegen umher und war bei vielen Abenteuern dabei. Und dann fühlte auch er sich alt, seine Freunde starben, er stand einsam ohne Verwandte und Heim, und er wünschte sich den Tod. Aber der Tod kam nicht. Er rief ihn, er versuchte selbst den Langsamen zu beeilen, aber der Tod wich ihm aus. Er kam zu den entsetzlichsten Übeltätern und Verbrechern, aber nicht zu ihm. Mit Angst begann er zu glauben, daß der Tod ihn nicht erreichen konnte. Da erinnerte er sich an den Wein, den er bei dem zauberkundigen Abt getrunken hatte, und an die kleine Flasche, die mit Funken und Sternen gefüllt war. Da zog er hierher, um den Abt nach der Sache zu fragen.

Als er herkam, waren die Mönche vertrieben, der Abt tot und das Kloster niedergebrannt. Die Reformation und Herr Jens Kruse hatten diese Arbeit ausgeführt. Aber er suchte sich durch die Ruinen, bis er in die Keller hinunterkam, wo die Bücher des Klosters im feuerfesten Gewölbe verwahrt wurden. Er brach die schweren Folianten von den Ketten und Schlössern los, die sie an den Mauern befestigten, und setzte sich hin, um danach zu forschen, wie es sich mit dem Zaubertrunk des Abtes verhielt. Liebe Kinder, da unten im Klosterkeller sitzt er noch heute und forscht und liest in den schweren Schwarzkunstbüchern. Sie zu deuten ist keine leichte Arbeit für einen alten Landsknecht. Hundert Jahre brauchte er, um Latein zu lernen, hundert Jahre, um die Kabbala durchzubuchstabieren, und noch hundert Jahre muß er leben, um die Kunst des Sterbens zu lernen. Er weiß, daß ich ein gelehrtes Haus bin, deshalb besucht er uns öfters. Gestern stand er hinter mir und sah in meine griechische Grammatik. Bald kommt er und bittet mich, ihn Griechisch zu lehren.«

»Hurra«, riefen die Kinder, »nun wissen wir, wer der Mann ist.«

»Ruhig, ruhig, Kinder, zeigt nicht allzu deutlich, wie dumm ihr seid. Ich habe nicht von einem Mann erzählt, sondern vom Krieg, vom Krieg, der vor vielen hundert Jahren das Wasser des Lebens trank und seitdem nicht mehr die Kunst versteht, zu sterben.«

Der Weihnachtsmorgen

Als das kleine Mädchen ein Jahr alt war, nahm sie Jan Andersson am Weihnachtsmorgen mit in die Kirche zur Christmette.

Seine Frau meinte freilich, das Kind sei doch noch zu klein, als daß man es schon in die Kirche mitnehmen könnte, auch fürchtete sie, es könnte sich wieder so ungebärdig anstellen wie damals beim Impfen.

Aber Jan setzte seinen Willen durch, weil es ja nicht gegen die Sitte verstieß, wenn kleine Kinder mit zur Weihnachtsmette genommen wurden.

So machten sich die Leute von Skrolycka mit Klara Gulla am Weihnachtsmorgen schon früh um fünf Uhr auf den Weg. Es war bedeckter Himmel und so finster wie in einem Sack, aber die Luft war nicht kalt, sondern fast mild und dazu vollkommen still, so wie es dort in der Gegend Ende Dezember zu sein pflegt. Gleich zu Anfang ging es einen engen Pfad zwischen den Äckern und Gehölzen in Askedalarna entlang. Dann mußten die Wanderer dem steilen verschneiten Weg über den Snipahügel folgten, und erst dann kamen sie auf ordentliche Wege.

Das große zweistöckige Wohnhaus auf Falla hatte in allen Fenstern brennende Kerzen; es winkte den Leuten von Skrolycka zu wie ein

Leuchtturm, und so konnten sie sich bis zu Börjes Haus hindurchfinden. Dort trafen sie mit ein paar Nachbarn zusammen, die sich am Abend vorher Fackeln zurechtgemacht hatten, mit denen sie sich nun den Weg erhellten; an diese schlossen sich die Leute von Skrolycka an. Jeder Fackelträger ging an der Spitze einer kleinen Schar. Die meisten schwiegen, aber alle waren frohen Mutes. Sie kamen sich vor wie die Weisen aus dem Morgenlande, die beim Scheine des Wundersterns dahinwanderten, um den neugeborenen König der Juden zu suchen.

Als die ganze Schar die Waldhöhe erreicht hatte, mußte sie an einem großen Steinblock vorbei, den einstmals ein Riese drunten in Frykerud an einem Weihnachtsmorgen nach der Svartsjöer Kirche geschleudert hatte, der aber zum guten Glück über den Kirchturm weggeflogen und hier auf dem Snipahügel liegengeblieben war. Als die Kirchgänger sich jetzt dem Stein näherten, lag er wie gewöhnlich auf der Erde; aber alle wußten, daß er während der Nacht auf zwölf goldene Pfeiler gehoben worden war und daß der Troll darunter gesessen und getrunken und getanzt hatte.

Es war wirklich kein Vergnügen am Weihnachtsmorgen, an einem solchen Steinblock vorbeigehen zu müssen, und Jan sah eifrig zu Katrine hinüber, ob sie auch das Kind fest an sich gedrückt hielte. Katrine schritt sicher und ruhig fürbaß, ganz wie gewöhnlich, und unterhielt sich halblaut mit einer Nachbarin. Sie schien gar nicht daran zu denken, was das für ein gefährlicher Platz war.

Hier auf der Höhe standen uralte wetterfeste Tannen. Wenn man diese so im Fackelschein mit den großen Schneeklumpen auf den Zweigen wahrnehmen konnte, drängte sich einem unwillkürlich der Gedanke auf, daß mehrere von ihnen, die man vorher für Bäume gehalten hatte, nichts anderes waren als Trolle mit stechenden Augen unter den weißen Schneemützen und mit langen, scharfen Krallen, die aus den dicken Schneefäustlingen hervorstachen.

Das konnte man ja ertragen, solange sie sich ruhig verhielten, aber wie, wenn einer von ihnen den Arm ausstrecken und einen der Vorübergehenden an sich reißen würde? Für die Erwachsenen und alten Leute war es wohl nicht so gefährlich, aber eines hatte Jan doch immer gehört: die Trolle hatten eine besondere Liebe für winzig kleine Menschenkinder, je kleiner, desto besser!

Es kam ihm vor, als halte Katrine die kleine Klara gar zu sorglos. Ach, für die großen krallenbewaffneten Trollhände war es keine Kunst, ihr das Kind zu entreißen! Hier mitten auf dem gefährlichen Platz wagte es Jan indes nicht, Katrine das Kind aus den Armen zu nehmen. Gerade dadurch hätte sich das Trollpack am Ende zu rühren angefangen.

Schon fing es von dem einen Trollbaum zum andern an zu raunen und zu rauschen. Es knarrte droben in den Zweigen, wie wenn sie versuchen wollten, sich in Bewegung zu setzen.

Jan wagte die andern nicht zu fragen, ob sie das auch sähen und hörten, was er sah und hörte. Denn das hätte ja gerade die Frage sein können, die das Trollpack zum Leben erweckte.

In dieser Erwartung wußte er nur eins, was er tun könnte: er stimmte mitten im Walde ein Lied an.

Jan hatte eine schlechte Singstimme und er hatte auch im Beisein anderer noch nie gesungen. Es fiel ihm sehr schwer, den Ton richtig zu treffen, und er wagte deshalb nicht einmal, in der Kirche mitzusingen; aber jetzt mußte er singen, mochte es gehen, wie es wollte. Er sah, daß die Nachbarn sich über ihn wunderten. Die vor ihm gingen, stießen einander an und schauten sich nach ihm um; doch das durfte ihn nicht hindern; er mußte weitersingen.

Gleich darauf flüsterte ihm indes eine der Frauen zu: »Wartet ein wenig, Jan, ich werd' Euch helfen!«

Und dann stimmte sie mit der richtigen Melodie und mit dem richtigen Ton in das Weihnachtslied ein.

Es klang schön durch die Nacht zwischen den Bäumen. Die andern konnten nun auch nicht zurückbleiben, sondern stimmten ebenfalls mit ein.

»Gruß dir, du schöne Morgenstund', durch der Propheten heil'gen Mund ist sie verkündet worden!«

Da ging es wie ein ängstliches Sausen durch die Trollbäume. Sie zogen die Schneemützen so tief herein, daß man nichts mehr von ihren bösen Trollaugen sah, und auch die ausgestreckten Krallen zogen sie unter Tannennadeln und Schnee zurück. Als der erste Liedvers verklungen war, konnte niemand mehr sehen, daß da oben auf der Waldhöhe etwas anderes zu sehen war, als gewöhnliche, ungefährliche alte Tannenbäume.

Die Fackeln, die den Leuten aus Askedalarna durch den Wald geleuchtet hatten, waren abgebrannt, als die Schar die Landstraße erreichte. Aber von da an ging es dank der erleuchteten Bauernhäuser weiter. Wenn ein Haus aus dem Gesichtskreis entschwand, gleich schimmerte ein anderes in geringer Entfernung auf. Die Leute hatten in alle Fenster Lichter gestellt, um den armen Wanderern den rechten Weg nach der Kirche zu zeigen.

Schließlich erreichten die Leute einen Hügel, von dem man die Kirche sehen konnte. Da stand sie vor ihnen: aus allen Fenstern strömte heller

Lichterschein heraus, und sie sah aus wie eine riesengroße Laterne.

Als die Wanderer die Kirche sahen, blieben sie unwillkürlich stehen, der Anblick raubte ihnen den Atem. Nach allen den kleinen Häusern und niederen Fenstern, an denen sie vorbeigepilgert waren, kam ihnen die Kirche überwältigend groß und überirdisch hell vor.

Als Jan die Kirche erblickte, mußte er unwillkürlich an ein paar arme Leute in Palästina denken, die eine ganze Nacht unterwegs gewesen waren und ein kleines Kind bei sich hatten, ihren einzigen Trost und ihre einzige Freude. Sie kamen von Bethlehem und wollten nach Jerusalem, weil das Kind im Tempel zu Jerusalem beschnitten werden sollte. Aber sie mußten sich in dunkler Nacht dahinschleichen, weil es so viele gab, die dem Kindlein nach dem Leben trachteten.

Die Leute von Askedalarna waren in aller Frühe von Hause weggegangen, um vor denen anzukommen, die zur Kirche fuhren, aber in der Nähe der Kirche wurden sie doch von diesen eingeholt. Sie kamen mit schnaubenden Pferden und klingenden Schellen dahergefahren, jagten in sausendem Galopp dahin und zwangen die armen Fußgänger, sich auf den hohen Schneewall am Wegrand zu retten.

Jetzt hatte Jan das Kind auf dem Arm. Unaufhörlich mußte er den Fuhrwerken ausweichen. Er kam auf dem finsteren Weg nur sehr schwer vorwärts; aber vor ihm lag ja der strahlende Tempel, und wenn sie nur dorthin gelangen konnten, dann waren sie sicher und geborgen.

Jetzt erhob sich hinter ihnen lautes Schellengeklingel und Pferdegetrappel. Ein großer Schlitten mit zwei Pferden davor kam dahergefahren. Drinnen saß ein junger vornehmer Herr in schwarzem Pelz und hoher Pelzmütze mit seiner jungen Frau an der Seite. Er führte selbst die Zügel, aber hinter ihm stand der Kutscher mit einer lohenden Fackel in der hocherhobenen Hand. Die Flamme flackerte im Luftzug weit zurück und ließ einen langen Schweif von Rauch und sprühenden Funken hinter sich.

Jan stand auf dem Schneewall am Weg mit dem Kind im Arm. Es sah sehr gefährlich aus; sein einer Fuß sank plötzlich tief in den Schnee hinein, und er war am Umfallen. Da zog der kutschierende Herr heftig an den Zügeln und rief Jan, den er vom Wege verjagt hatte, an.

»Gib das Kind her, dann fahre ich es in meinem Schlitten mit nach der Kirche!« sagte er freundlich. »Wo so viele Fuhrwerke unterwegs sind, ist es gefährlich, wenn man ein kleines Kind zu tragen hat.« Doch Jan antwortete: »Ich dank' schön, aber es geht ganz gut.«

»Wir werden die Kleine hier zwischen uns setzen, Jan«, sagte die junge Frau.

»Ich dank' schön, aber es geht ganz gut.«

»Ach so, du wagst das Kind nicht aus dem Arm zu lassen«, sagte der Herr, und dann fuhr er lachend davon.

Die Wanderer zogen weiter; aber der Weg wurde immer gefährlicher und beschwerlicher. Schlitten folgte auf Schlitten. Im ganzen Kirchspiel gab es kein Pferd, das nicht am Weihnachtsmorgen unterwegs gewesen wäre, um Leute nach der Kirche zu fahren.

»Du hättest das Kind wohl mitnehmen lassen können«, sagte Katrine. »Ich fürchte, du wirst doch noch mit ihm hinfallen.«

»Hätt' ich ihnen das Kind überlassen sollen? Du weißt nicht, was du sagst. Hast du nicht gesehen, wer es war?«

»Was wäre denn für eine Gefahr dabei gewesen, wenn wir's mit den Hüttenbesitzern von Duvnäs hätten fahren lassen?«

Da hielt Jan Andersson von Skrolycka plötzlich an.

»Ist das der Hüttenbesitzer auf Duvnäs mit seiner Frau gewesen?« fragte er, und es sah aus, als sei er eben aus einem Traum erwacht.

»Gewiß ist's die Herrschaft vom Hüttenwerk gewesen. Für wen hast du sie denn gehalten?«

Ja, wo war Jan mit seinen Gedanken gewesen? Was war das für ein Kind, das er die ganze Zeit über getragen hatte? Wohin stand ihm das Ziel seiner Reise? In welchem Lande war er jetzt eben gewandert?

Er strich sich mit der Hand über die Stirn und sah etwas verlegen aus, als er Katrine antwortete: »Ich hab' geglaubt, es sei der König Herodes vom Lande Juda und Herodias, seine Frau.«

Gottesfriede

Es war Weihnachten auf einem alten Bauernhof, ein Weihnachtsabend mit grauem Himmel, wie vor einem großen Schneesturm. Am Nachmittag hatten es alle Leute eilig, mit ihrer Arbeit fertig zu werden, damit sie dann baden konnten. In der Badehütte feuerte man so heftig ein, daß die Flammen zum Schornstein hinausschlugen, Funken und Rußflocken flogen mit dem Wind und fielen auf die schneebedeckten Dächer.

Wie die Flamme so aus dem Schornstein der Badehütte aufstieg und sich wie eine Feuersäule über dem Bauernhof erhob, begannen alle zu spüren, daß Weihnachten nahe war. Die Magd, die im Hausflur kniete und scheuerte, fing leise zu singen an, obgleich das Scheuerwasser im Eimer neben ihr gefror. Die Knechte, die im Schuppen das Weihnachtsholz hackten, fingen an, zwei Scheite auf einmal zu spalten, sie schwangen die Äxte so lustig, als sei die Arbeit nur ein Spiel.

Aus der Vorratskammer kam eine alte Frau mit vielen runden Gewürzbroten. Sie ging langsam über den Hof in das große rotgestrichene Haupthaus, trat vorsichtig in die Wohnstube und legte die Brote auf die lange Fensterbank. Es war eine seltsam häßliche alte Frau mit rötlichem Haar, schweren, schlaffen Augenlidern und einem so merkwürdig angespannten Zug um Mund und Kinn, als seien die Halssehnen zu kurz. Aber heute am Weihnachtsabend lag soviel Freude und Friede über der alten Frau, daß man gar nicht sah, wie unschön sie war.

Nur ein Mensch auf dem Hof war nicht vergnügt, nämlich das Mädchen, das die Birkenruten band, die beim Baden benutzt wurden. Sie saß am Herd, ein Haufen feiner Birkenruten lag zum Binden vor ihr auf dem Boden. Doch fehlten ihr junge Birkengerten, die die Zweige halten sollten. Durch die kleinen Scheiben des breiten niedrigen Fensters fiel der Lichtschein der Badehütte ins Zimmer, huschte über den Fußboden und vergoldete die Birkenreiser. Doch je stärker das Feuer brannte, desto unglücklicher wurde das Mädchen. Sie wußte, daß die Rutenbüschel auseinanderfielen, sobald man sie nur berührte, und daß sie daher Spott und Schmach erdulden mußte, zum mindesten so lange, bis wieder ein Weihnachtsfeuer in diesem Schornstein flammte.

Wie sie so dasaß und sich unglücklich fühlte, trat der Mann in die Stube, vor dem sie die allergrößte Angst hatte, der Hausvater Ingmar Ingmarson. Er war sicher in der Badehütte gewesen, um sich zu vergewissern, daß der Ofen richtig geheizt wurde. Jetzt wollte er nach den Rutenbüscheln schauen. Ingmar Ingmarson war alt und hielt auf alles, was alt war. Und gerade weil die

Leute es jetzt aufzugeben begannen, in der Badehütte zu baden und sich mit Birkenreisern peitschen zu lassen, legte er großen Wert darauf, daß es auf seinem Hof geschehe und daß es ordentlich geschehe.

Ingmar Ingmarson trug einen alten Schafspelz, Lederhosen und Pechdrahtstiefel. Er war schmutzig und unrasiert und kam in seiner langsamen Art so leise herein, daß man ihn für einen Bettler hätte halten können. Er besaß die gleichen Züge, die gleiche Häßlichkeit wie seine Frau, denn sie waren miteinander verwandt. Das Mädchen hatte von Kind an gelernt, einen heiligen Respekt vor dem alten Geschlecht der Ingmarsöhne zu haben, das das vornehmste der Gegend war. Das Höchste, was ein Mensch erreichen konnte, war Ingmar Ingmarson selbst. Er war der Reichste, der Klügste und der Mächtigste im ganzen Kirchspiel.

Ingmar Ingmarson trat auf das Mädchen zu, bückte sich, nahm eines der fertigen Rutenbüschel und schwang es durch die Luft. Sogleich flogen die Ruten auseinander. Eine landete auf dem Weihnachtstisch, eine andere im Himmelbett.

»He, min Deern«, sagte der alte Ingmar und lachte. »Glaubst du, daß man solche Ruten brauchen kann, wenn man bei den Ingmarsöhnen badet? Oder hast du Angst um deine Haut?«

Da der Hausvater nicht ärgerlicher war, faßte das Mädchen Mut und sagte, es könne schon

Rutenbündel machen, die hielten, wenn es nur Gerten zum Binden hätte.

»Dann muß ich dir wohl Gerten verschaffen, min Deern«, antwortete der alte Ingmar, denn er war in richtiger Weihnachtsstimmung.

Er verließ die Wohnstube, kletterte über die Magd mit dem Scheuereimer und blieb an der Türschwelle stehen. Er sah sich nach jemand um, den er in den Birkenhain nach Gerten schicken könne. Die Knechte waren noch mit dem Weihnachtsholz beschäftigt, der Sohn kam mit dem Weihnachtsstroh aus der Tenne, die beiden Schwiegersöhne schleppten eben die großen Karren in die Schuppen, damit der Hof feiertägig aussähe. Keiner von ihnen hatte Zeit.

Gelassen beschloß der Alte, sich selbst auf den Weg zu machen. Er überquerte den Hof, als wolle er in den Stall, sah sich um, um sich zu überzeugen, daß niemand ihn beobachte, schlüpfte dann hinter die Stallwand, von wo ein halbwegs gebahnter Weg in den Wald hinaufführte. Der Alte hielt es nicht für nötig, jemand zu sagen, wohin er ging, sonst hätte es vielleicht dem Sohn oder einem der Schwiegersöhne einfallen können, ihn zurückzuhalten. Und alte Leute wollen nun einmal am liebsten ihren eigenen Willen haben.

Er schlug den Pfad über die Felder durch das kleine Tannenwäldchen ein und erreichte den Birkenhain. Hier bog er vom Weg ab, stapfte auf der

Suche nach ein paar einjährigen Birken in den Schnee hinaus.

Um diese Stunde gelang es dem Wind endlich, Schnee aus den Wolken herabzureißen. Jetzt fegte er mit einer langen Schleppe von Schneeflocken in den Wald hinauf.

Ingmar Ingmarson bückte sich gerade, um eine Gerte abzuschneiden, als der Schneewind heranbrauste. In dem Augenblick, als der alte Mann sich aufrichtete, stürzte der Wind auf ihn zu, blies ihm dichte Flocken ins Gesicht, in die Augen. Der Wind stürmte so heftig um ihn, daß er sich ein paarmal drehen mußte.

Das ganze Unglück kam daher, daß Ingmar Ingmarson alt geworden war. In seiner Jugend hätte ein Schneesturm ihn kaum schwindlig gemacht. Doch jetzt wirbelte alles im Kreise um ihn herum, als schwinge er sich in einer Weihnachtspolka. Er wollte sich auf den Heimweg begeben, schlug aber gerade die verkehrte Richtung ein, ging in den großen Tannenwald, der hinter dem Birkenhain begann, statt zu den Feldern hinunter.

Die Dunkelheit brach schnell herein. Unter den jungen Bäumen am Waldrand trieb das Schneegestöber sein Spiel weiter. Der Alte sah wohl, daß er zwischen Tannen ging, merkte aber nicht, daß er sich verirrt hatte. Denn auf der dem Hofe zugekehrten Seite des Birkenhaines wuchsen auch Tannen. Jetzt aber geriet Ingmar Ingmarson so tief in den Wald hinein, daß es ganz ruhig und still um ihn wurde. Vom Sturm war nichts mehr zu spüren. Die Bäume wurden hoch und höher. Da erkannte er, daß er falsch gegangen war, und wollte umkehren.

Daß er sich hatte verirren können, verwirrte und erregte ihn. Und wie er nun so mitten im weglosen Wald stand, war sein Kopf nicht klar genug, um zu wissen, wohin er sich wenden müsse. Er schlug zuerst eine, dann eine andere Richtung ein. Endlich kam er auf den Gedanken, in seinen eigenen Fußstapfen zurückzugehen, dann aber wurde es dunkler und er konnte sie nicht mehr finden. Mit jedem Schritt entfernte er sich weiter vom Waldrand.

Es war wie verhext, daß er den ganzen Abend hier im Wald herumlaufen mußte und sicher zu spät zum Baden kam.

Er drehte seine Mütze herum und knüpfte sein Strumpfband neu, blieb aber ebenso verwirrt wie vorher. Es wurde ganz dunkel und er fing an zu glauben, daß er die Nacht im Wald zubringen müsse.

Er lehnte sich an eine Tanne, um seine Gedanken zu sammeln. Er war so viel hiergewesen, daß er fast jeden Baum kannte. Schon als Kind war er hier herumgegangen, hatte die Schafe gehütet und den Waldvögeln Schlingen gelegt. In seiner Jugend hatte er mitgeholfen, den Wald zu fällen.

Er hatte ihn abgeholzt daliegen und aufs neue wachsen sehen.

Endlich glaubte er zu wissen, wo er sich befinde, und war überzeugt, ginge er so weiter, müsse er auf den rechten Weg kommen. Aber wie er es auch anstellte, er geriet immer tiefer in den Wald.

Plötzlich fühlte er festen, glatten Boden unter den Füßen und meinte, einen Weg entdeckt zu haben. Er versuchte weiter zu gehen, denn ein Weg mußte doch irgendwohin führen. Aber der Pfad mündete auf einer Waldwiese. Dort hatte das Schneegestöber freies Spiel. Statt Weg und Pfad gab es hier nur Schneehaufen und -gruben. Da verlor der Alte den Mut. Er kam sich vor wie ein armer Kerl, der draußen in der Wildnis sterben müsse. Durch den Schnee zu gehen, machte ihn müde. Immer wieder setzte er sich auf einen Stein, um auszuruhen. Aber sobald er dies tat, wurde er schläfrig und wußte, schliefe er ein, würde er erfrieren. Daher versuchte er wieder zu marschieren. Dies allein konnte ihn retten. Doch schon bald konnte er der Versuchung nicht widerstehen, erneut zu rasten. Durfte er nur ruhen, fragte er jetzt nicht mehr danach, ob ihn dies das Leben koste.

Das Wohlgefühl stille zu sitzen war so groß, daß der Tod ihn nicht schreckte. Er empfand im Gegenteil eine Art Freude im Gedanken, daß dann ein langer Nachruf in der Kirche über ihn verlesen werde. Er entsann sich, wie schön der Propst über seinen Vater gesprochen hatte. Sicher würde man auch über ihn Schönes sagen. Es würde erwähnt werden, daß er den ältesten Bauernhof im Tal besitze und welche Ehre es sei, einem so stolzen Geschlecht anzugehören. Auch von der Verantwortung würde die Rede sein. Ja, man war verantwortlich. Das hatte er immer gewußt. Die Ingmarsöhne mußten bis zum Äußersten ausharren.

Plötzlich durchzuckte es ihn blitzartig, es sei wenig rühmlich, erfroren im wilden Wald gefunden zu werden. So sollte es bei seiner Totenfeier nicht heißen. Wieder erhob er sich, wieder begann er zu wandern. Er hatte so lange ausgeruht, daß ganze Schneemassen aus seinem Pelz fielen, als er aufstand. Aber schon nach einem Weilchen setzte er sich wieder und träumte vor sich hin.

Die Gedanken an den Tod erfüllten ihn wie eine Lockung. Er erlebte in Gedanken sein eigenes Begräbnis, alle Ehren, die seinem toten Leib widerfuhren. Er sah den Festsaal im oberen Stockwerk seines Hauses mit dem großen, gedeckten Tisch. Propst und Pröpstin saßen auf den Ehrenplätzen, der Richter mit der weißen Krause über der schmalen Brust daneben, und die Majorin in schwarzer Seide, die dicke Goldkette viele Male um den Hals geschlungen. Er sah alle Betten in den Gastzimmern weiß bezogen, weiße Laken vor den Fenstern und auf allen Möbeln, sah Tannengrün von der Haustür bis hinunter zur Kirche gestreut. Er stellte sich auch das zwei Wochen dauernde Backen, Schlachten und Bierbrauen vor, bei dem zwanzig Klafter Holz verheizt wurden.

Seine Leiche lag auf einer Bahre im innersten Zimmer. Kohlendunst erfüllte die frisch geheizten Räume. Während der Sargdeckel zugeschraubt wurde, ertönten Choräle, der Sarg war silberbeschlagen. Der Hof war voller Gäste, das ganze Dorf in Bewegung, um das »Mitgebrachte« zu bereiten. Alle Kirchenhüte waren gebürstet, der ganze Herbstbranntwein wurde beim Leichenschmaus ausgetrunken, auf den Wegen ging es zu wie an einem Markttag.

Wieder erhob sich der alte Mann. Er hatte die Gäste beim Leichenschmaus von sich sprechen gehört. »Aber wie konnte es geschehen, daß er erfror?« fragte der Richter. »Was hatte er nur im Hochwald zu tun?« – Daran wären wohl Weihnachtsbier und Branntwein schuld, antwortete der Kapitän.

Diese Antwort schreckte Ingmar auf. Die Ingmarsöhne waren nüchterne Leute. Es sollte nicht von ihm heißen, er sei in seiner letzten Stunde nicht bei Sinnen gewesen. Wieder begann er seine Wanderung. Aber er war jetzt so müde, daß er sich kaum mehr auf den Füßen halten konnte. Er befand sich nun hoch oben im Wald. Denn hier lagen große Felsblöcke auf dem Boden, wie sie weiter unten nicht zu finden waren. Er blieb mit dem Fuß zwischen ein paar Steinen hängen, so daß er nicht mehr loskam und jammerte laut. Er konnte einfach nicht mehr.

Plötzlich stürzte er in einen großen Reisighaufen, fiel weich in den Schnee, ohne sich weh zu tun. Aber er vermochte nicht mehr aufzustehen, begehrte nichts anderes auf Erden als zu schlafen. Er schob das Reisig ein wenig beiseite, kroch hinein, als sei es ein Fell. Wie er sich unter die Zweige schob, spürte er dort innen etwas Weiches und Warmes. Hier schläft wohl ein Bär, dachte er.

Er fühlte, wie das Tier sich bewegte, wie es witterte. Aber es lag ganz still. Meinethalben kann der Bär mich fressen, dachte Ingmar. Er hätte keinen Schritt gehen können, um zu entkommen.

Doch der Bär schien ihm, der in solcher Sturmnacht Schutz unter seinem Dach suchte, nichts tun zu wollen. Er glitt tiefer in seine Höhle, als wolle er dem Gast Platz machen, dann hörte Ingmar seine gleichmäßigen, lauten Atemzüge.

Auf dem alten Ingmarhof war keine Weihnachtsfreude eingekehrt. Erst durchsuchten sie das Wohnhaus und alle Wirtschaftsgebäude vom Keller bis zum Boden, dann fragten sie überall auf den Nachbarhöfen nach Ingmar.

Als sie ihn nirgends fanden, begaben sich Söhne und Schwiegersöhne auf die Äcker hinaus. Die

Fackeln, die den Kirchenleuten auf ihrer Fahrt zur Weihnachtsmette hätten leuchten sollen, trugen sie nun im rasenden Schneesturm auf Wegen und Stegen umher. Aber der Wind hatte jede Spur verweht. Sein Heulen übertönte Rufe und Schreie. Endlich sahen sie ein, daß sie bis zum Tagesanbruch warten mußten, wollten sie den Verschwundenen finden.

Kaum dämmerte das Morgenrot, waren alle Leute vom Ingmarhof auf den Beinen. Die Männer wollten eben in den Wald hinausziehen, da erschien die alte Hausmutter und rief sie in die Wohnstube. Sie hieß sie, auf den langen Bänken Platz zu nehmen. Sie selbst setzte sich mit der Bibel an den Weihnachtstisch und begann zu lesen. Als sie mit ihren schwachen Kräften suchte, was einer solchen Stunde angemessen war, verfiel sie auf die Geschichte von dem Mann, der von Jerusalem nach Jericho ging und unter die Mörder fiel.

Sie las langsam, mit singender Stimme, von dem armen Mann, dem der barmherzige Samariter zu Hilfe kam. Um sie herum saßen Söhne und Schwiegertöchter, Töchter und Enkelinnen. Sie alle glichen ihr. Sie waren groß und schwerfällig mit häßlichen, altklugen Gesichtern, denn sie gehörten zu der alten Familie der Ingmarsöhne. Sie hatten rötliches Haar, sommersprossige Haut, hellblaue Augen mit weißen Wimpern. Trotz großer Verschiedenheit waren ihnen ein strenger Zug um den Mund, schläfrige Augen und schwere Bewegungen gemeinsam. Man sah ihnen an, daß sie zu den Angesehensten der Gegend gehörten und wußten, daß sie vornehmer waren als andere.

Die Ingmarsöhne und -töchter seufzten während des Bibellesens tief. Sie fragten sich, ob wohl ein Samariter den Hausvater gefunden und sich seiner erbarmt habe. Denn für alle Ingmarsöhne war es, als verlören sie etwas von ihrer eigenen Seele, würde einer ihres Stammes von einem Unglück getroffen.

Die alte Frau las Jesu Frage: »Welcher dünkt dich, war unter diesen dreien dem Mann, der unter die Räuber fiel, der Nächste?«

Weiter kam sie nicht. Denn die Tür öffnete sich und Ingmar trat in die Stube.

»Mutter, Vater ist da«, sagte eine der Töchter. Die Hausmutter las nicht mehr vor, daß des Mannes Nächster der gewesen war, der Barmherzigkeit an ihm geübt hatte.

Etwas später saß die alte Frau wieder auf dem gleichen Platz und las wieder in der Bibel.

Sie war allein. Die Frauen waren zur Kirche, die Männer zur Bärenjagd in den Wald gegangen. Gleich nachdem Ingmar Ingmarson gegessen und getrunken hatte, war er mit seinen Söhnen aufgebrochen. Denn es ist nun einmal die Pflicht des Mannes, den Bären zu töten, wo und wann er ihm begegnet. Es geht nicht an, einen Bären zu schonen, denn früher oder später findet er doch Geschmack am Fleisch, dann sind weder Mensch noch Tier vor ihm sicher.

Seit die Männer fort waren, hatte sich eine große Angst der alten Frau bemächtigt. Sie beugte sich über den Text, über den heute in der Kirche gepredigt wurde, kam aber nicht weiter als bis zu dem Wort »Friede auf Erden und den Menschen ein Wohlgefallen«.

Sie starrte mit verlöschenden Augen diese Reihen an, seufzte von Zeit zu Zeit tief auf, las nicht weiter, sondern wiederholte nur ein ums andere Mal mit langsam schleppender Stimme »Friede auf Erden und den Menschen ein Wohlgefallen«.

Als sie sich wieder in dies Wort versenkte, trat der älteste Sohn in die Stube.

»Mutter«, sagte er sehr leise.

Sie hörte ihn, fragte, ohne vom Buch aufzusehen: »Bist du nicht mit im Wald?«

»Doch«, antwortete er noch leiser, »ich war dort.«

»Komm näher«, sagte sie, »damit ich dich sehen kann.«

Er trat näher, aber als sie ihn ansah, merkte sie, daß er zitterte. Er mußte sich auf die Tischkante stützen, um die Hände still halten zu können.

»Habt ihr den Bären erlegt?« fragte sie wieder.

Er vermochte nicht zu antworten, schüttelte nur den Kopf.

Die alte Frau stand auf und tat, was sie nicht mehr getan hatte, seit der Sohn ein Kind gewesen war. Sie legte sanft die Hand auf seinen Arm, streichelte ihm die Wange und zog ihn auf die Bank. Dann setzte sie sich neben ihn, hielt seine Hand in der ihren und bat: »Sag mir jetzt, was geschehen ist, mein Junge.«

Der Sohn spürte wieder die Liebkosung, die ihn in den Jahren der Kindheit getröstet hatte, wenn er unglücklich und hilflos war. Sie rührte ihn so tief, daß er anfing zu weinen.

»Ich weiß, es ist etwas mit Vater«, sagte die alte Frau.

»Ja, etwas sehr Schlimmes«, schluchzte der Sohn.

»Etwas Schlimmes?«

Der Sohn weinte immer heftiger. Er wußte nicht, wie er seine Stimme beherrschen sollte. Endlich hob er die grobe Hand mit den breiten Fingern und deutete auf die Stelle, die die Mutter eben gelesen hatte »Friede auf Erden«.

»Hat es etwas damit zu tun?«

»Ja«, erwiderte er.

»Mit dem Weihnachtsfrieden?«

»Ja.«

»Wolltet ihr heute morgen eine böse Tat tun?«

»Ja.«

»Und Gott hat uns gestraft?«

»Gott hat uns gestraft.«

Endlich erfuhr sie, was sich zugetragen hatte. Sie hatten die Bärenhöhle gesucht. Als sie so nahe waren, daß sie den Reisighaufen sahen, waren sie stehengeblieben, um die Gewehre zu entsichern. Da stürzte der Bär aus seiner Höhle, lief geradewegs auf den alten Ingmar Ingmarson zu und versetzte ihm einen solchen Schlag auf den Kopf, daß er, wie vom Blitz getroffen, zu Boden sank. Niemand anderen fiel der Bär an, sondern verschwand im Wald.

Am Nachmittag fuhren Ingmar Ingmarsons Frau und Sohn zum Pfarrhof und meldeten den Todesfall. Der Sohn führte das Wort. Die Mutter hörte reglos und mit steinernem Gesichtsausdruck zu.

Der Propst saß in seinem Lehnstuhl am Schreibtisch. Er hatte seine Bücher geholt, um den Todesfall einzutragen. Er tat dies sehr langsam. Er wollte Zeit gewinnen, um darüber nachzudenken, was er Witwe und Sohn sagen könne. Denn es handelte sich um einen ungewöhnlichen Fall. Der Sohn hatte ganz offen berichtet, wie sich alles zugetragen hatte. Aber dem Propst kam es darauf an zu erfahren, wie sie selbst die Sache aufnahmen. Die Leute vom Ingmarhof waren eigenartige Menschen.

Als der Propst das Buch schloß, sagte der Sohn:

»Wir möchten Euch bitten, keinen Nachruf auf Vater zu verlesen.«

Der Propst schob die Brille auf die Stirn und sah forschend die alte Frau an. Sie saß noch immer reglos da, zerknüllte nur das Taschentuch in der Hand.

»Wir möchten ihn an einem Werktag begraben«, fuhr der Sohn fort.

»So, so«, antwortete der Propst. Ihm schwindelte. Der alte Ingmar Ingmarson sollte in die Erde kommen, ohne daß jemand davon wußte? Das Kirchenvolk sollte nicht auf dem Hügel stehen und sehen, mit welchem Staat er zu Grabe getragen wurde?

»Wir werden auch keinen Leichenschmaus abhalten. Wir haben es den Nachbarn schon mitgeteilt, damit sie kein ›Mitgebrachtes‹ bereiten.«

»So, so«, wiederholte der Propst, und brachte nichts anderes über die Lippen.

Er wußte, was es für solche Leute bedeutete, kein Totenmahl zu halten. Er wußte, welch großer Trost es für Witwen und Waisen war, einen stattlichen Leichenschmaus abzuhalten.

»Es soll auch kein Trauerzug stattfinden, nur ich und meine Brüder gehen mit.«

Der Propst sah Antwort heischend zu der alten Frau hin. War dies auch ihr Wille? Sie saß da und verzichtete auf alles, was für sie kostbarer sein mußte als Silber und Gold.

»Wir, Mutter und ich, wollen weder Glockengeläute noch einen silberbeschlagenen Sarg. Doch möchten wir den Herrn Propst um seine Meinung in dieser Angelegenheit bitten.«

Jetzt ergriff auch die Witwe das Wort. »Ja, wir möchten wissen, ob wir auch nicht unrecht gegen Vater handeln?«

Der Propst schwieg noch immer. Die alte Frau sprach eifrig weiter: »Hätte mein Mann sich an König oder Vogt vergangen, hätte ich ihn vom Galgen herunterschneiden müssen, er hätte genau so ein ehrliches Begräbnis erhalten wie einst sein Vater. Denn die Ingmarsöhne fürchten niemand und brauchen keinem aus dem Weg zu gehen.

Aber um die Weihnachtszeit hat Gott Frieden gesetzt zwischen Tier und Mensch. Das arme Tier hielt Gottes Gebot. Aber wir Menschen brachen es. Darum stehen wir jetzt unter Gottes Strafgericht und dürfen nicht an Prunk und Staat denken.«

Der Propst erhob sich und ging zu der alten Frau hin: »Ihr handelt ganz richtig«, sagte er, »und sollt Euren Willen haben.« Unwillkürlich fügte er, vielleicht mehr zu sich selbst, hinzu »die Ingmarsöhne sind großartige Menschen«.

Bei diesen Worten richtete sich die Alte ein wenig auf. Einen Augenblick empfand der Propst sie als Sinnbild des ganzen Geschlechts. Er verstand, was Jahrhundert um Jahrhundert diesen schwerblütigen und wortkargen Menschen die

Macht verliehen hatte, die Führer eines ganzen Kirchspiels zu sein.

»Es ist die Pflicht der Ingmarsöhne, dem Volk ein Beispiel zu geben«, sagte die alte Frau. »Wir müssen zeigen, daß wir demütig sind vor Gott.«

Der Sturm

Am zweiten Weihnachtsfeiertag im Jahre 1800 brauste ein Sturm über den Lövseer Bezirk in Värmland hin, daß es zum Erbarmen war. Man konnte nichts anderes mehr denken, als daß alles, was auf der Erde war, mit Stumpf und Stiel ausgerottet werden sollte.

Kommet nun nicht und saget, es hätten gewiß früher schon und auch später ebenso heftige Stürme gewütet, und jedenfalls saget das nicht zu einem alten Bewohner des Lövseer Bezirks, denn die haben von ihrer Kindheit an immer gehört, daß man einen ähnlichen Sturm überhaupt nicht mehr erleben könnte.

Heute noch können sie alle die Zäune aufzählen, die umgeweht, und alle die Strohdächer, die weggefegt wurden, sowie alle die eingestürzten Viehställe, unter deren Dachstühlen dann das Vieh mehrere Tage lang begraben lag. Auch können sie dir alle die Orte zeigen, wo Feuer ausbrach, dessen man in dem Sturm nicht Herr werden konnte, bis das ganze Dorf abgebrannt war. Und sie sind auch auf allen den Höhen und Berggipfeln gewesen, wo Baum an Baum herausgerissen am Boden lag, daß es dort seither gerade wie abrasiert aussieht.

Nun weiß man ja wohl, daß die Leute zu sagen

pflegen: Das sei ein böser Wind, der nicht wenigstens irgend jemand etwas Gutes bringe. Aber daß dieses auch von dem Sturm am zweiten Weihnachtsfeiertag gelten könnte, das hätte doch wirklich kein Mensch gedacht, denn er richtete ja nur ein Unglück ums andere an.

Wer aber von allen Menschenkindern am wenigsten glauben wollte, daß dieser Sturm vielleicht auch etwas Gutes bringen könnte, war doch wohl die »Kleine« vom Koltorpet. Nein, sie hätte es nun und nimmer geglaubt, als sie am Morgen des zweiten Weihnachtsfeiertags dort am Waldrand stand und sah, wie Schnee, Asche, Kehricht und alles, was der Wind mit fortriß, über das Tal zu ihren Füßen wie ein Rauch hinwogte.

Niemals, in ihrem ganzen Leben nicht, und sie war doch schon dreizehn Jahre alt und ging ins vierzehnte, war ein solches Mißgeschick über die »Kleine« hereingebrochen.

Sonst gelang es ihr eigentlich immer, bei allem, was ihr widerfuhr, mochte es noch so schwer sein, ihre gute Laune aufrechtzuerhalten; dies aber war fast mehr, als sie ertragen konnte.

Ja, wahrhaftig, beinahe wären ihr die Tränen in die großen glänzenden Augen getreten und ihr über das blasse, magere Gesichtchen herabgelaufen!

Das kleine Mädchen war ein wenig vor den Waldessaum herausgetreten, wie um zu probieren, wie stark der Sturm sei; und sofort zerrte er an ihrem Kopftuch, trommelte auf ihrer kurzen, weißen Schafpelzjacke und wirbelte ihr das eigengewobene Röckchen so fest um die Beine, daß sie beinahe umgefallen wäre.

Sie war nicht allein; die Mutter und Bubi waren auch dabei. Alle beide waren genauso gekleidet wie die Kleine, in kurzen Jacken aus weißem Schaffell und in Röcken aus schwarzem steifen Fries. Und anders hätten sie auch gar nicht gekleidet sein können, denn die Kleine erbte alle ihre Kleider von Mutter, und Bubi erbte sie von der Kleinen. Der einzige Unterschied zwischen den dreien war, daß die beiden andern, obgleich sie ebenso warm angezogen waren wie die Kleine, nicht aus dem Wald herausgetreten, sondern im Schutz der Bäume stehengeblieben waren.

Die Mutter und Bubi hatten ebenso magere, abgezehrte Gesichter wie die Kleine und auch ebenso klare kluge Augen, und beide dachten auch dasselbe wie sie: daß dieser Sturm doch ein rechtes Mißgeschick sei. Auch waren sie ebenso betrübt und hätten am liebsten gleich zu weinen angefangen.

Aber die beiden drinnen im Walde sahen lange nicht so verzweifelt aus wie das kleine Mädchen.

Dieses stand gerade auf dem Berggipfel, ihr wißt, dort über dem Bäckhof im Broer Kirchspiel, und sie konnte mit den Augen den Weg verfolgen, der sich in großen Windungen bis zur Broer Kirche hinunterschlängelt.

Aber was sah sie da? Die Bauersleute, die schon im Schlitten auf dem Wege nach der Kirche waren, drehten um und fuhren wieder heimwärts. Mehr brauchte die Kleine nicht zu sehen, um zu verstehen, daß Mutter und Bubi die zwei Meilen bis nach dem Nyhof im Svartsjöer Bezirk, wohin sie zum Weihnachtsschmaus eingeladen waren, ganz unmöglich zu Fuß zurücklegen könnten.

Als die Kleine sich das klargemacht hatte, ballte sich ihre Hand in dem Handschuh ganz unwillkürlich zu einer Faust.

Ach, wenn es nur drinnen im Walde, wo sie wohnten, nicht so ruhig und still gewesen wäre! Wenn sie nur hätten ahnen können, was das für ein Wetter war, ehe sie bis hier an den Waldessaum gekommen waren! Dann wären sie überhaupt nicht von Hause fortgegangen, und das wäre ihr viel lieber gewesen!

Denn ihr müßt wissen, der Kleinen kam nichts erbärmlicher vor, als wenn sie wieder umdrehen mußte und nicht dahin kommen konnte, wohin sie wollte.

Wenn sie nur wenigstens nicht das ganze Jahr hindurch immerfort an diesen zweiten Weihnachtsfeiertag, wo sie nach Nyhof gehen durfte, gedacht hätte! Wenn nur nicht gerade in diesem Augenblick die großen dampfenden Kessel, die langen Tische mit den weißen, bis auf den Boden herabhängenden Tischtüchern und den großen Butterbrotbergen darauf vor ihr aufgetaucht wären! Wenn nur nicht sie und Bubi jedesmal, so oft die Mutter ihnen nichts zu essen geben konnte, zueinander gesagt hätten: »Wenn wir beim Oheim auf dem Nyhof zum Weihnachtsschmaus sind, dann wollen wir uns aber satt essen!«

Ach, ach! Wenn sie daran dachte, daß dort drunten jetzt süße Suppe mit Rosinen gekocht wurde, daß es da Reisbrei und Kuchen gab, und Eingemachtes und Kaffee mit mürbem Backwerk, und daß sie nichts davon bekommen sollte!

Sie war über die Maßen zornig und wünschte geradezu, es möchte jemand in der Nähe sein, an dem sie ihren Zorn auslassen könnte. Und sie dachte in ihrem Herzen, der Sturm hätte auch mehr Verstand haben können, als gerade an diesem Tage zu kommen. Festtag war es, da brauchten sie nicht die Mühle zu drehen, und Winter war es, da brauchten sie nicht auf dem See zu helfen, sondern waren frei von aller Arbeit. Aber was konnte es nützen, wenn sie es auch dem Sturm zurief?

Die Strecke, die sie jetzt vor sich hatten, war die schwierigste vom ganzen Wege. Von hier ging es abwärts an Helgesäter vorbei, dann über die Brobyer Hügel nach dem Lövsee und der Kirche und über die großen Felder des Pfarrhofs, weil dort offenes, unbewaldetes Land war, über das der Weg hinführte. Wenn sie nur erst dort vorbei waren und sich dann die Hedebyhügel hinaufarbeiten konnten, dann hatte es keine Gefahr mehr, denn von da an führte der Weg immer durch Wald.

Die Kleine meinte, es sehe doch gar nicht so furchtbar schlimm aus, und sie müßten wenigstens noch einen Versuch machen. Schlimmer als schlimm könnte es jedenfalls nicht ausfallen.

Sie war sogar ganz befriedigt, solange Mutter dort drüben stand und überlegte. Da war es doch immerhin noch möglich, daß sie sich zum Weitergehen entschloß. Aber o weh! jetzt eben machte Mutter eine Bewegung, wie um in den Wald zurückzugehen, und Bubi tat selbstverständlich ganz wie die Mutter.

Da ging die Kleine in der entgegengesetzten Richtung den Hügel hinunter. Zuerst ganz langsam, dann aber immer schneller, denn der Wind kam von hinten her und trieb sie eiligst vorwärts, sie mußte geradezu laufen. Sie hütete sich wohl, zurückzusehen; denn sie fürchtete, Mutter und Bubi würden ihr dann Zeichen machen, sie solle wieder umdrehen. Ja, sie war fast sicher, daß sie ihr jetzt eben riefen, um sie aufzuhalten. Aber darum brauchte sie sich nicht zu kümmern, denn jetzt, wo sie so recht in den Sturm hineingeraten war, lärmte und donnerte es um sie her, daß sie gar nichts hören konnte.

Es war nicht wahrscheinlich, daß Mutter ihr nachlaufen und sie festhalten würde, denn Mutter mußte ja Bubi an der Hand führen, damit er nicht umgeweht wurde, und so kam sie nicht rasch vorwärts.

Deshalb bekam indes das kleine Mädchen durchaus keine Lust, umzudrehen, nein, durchaus nicht; aber sie mußte sich jetzt doch gestehen, daß das Wetter viel schlimmer war, als sie geglaubt hatte.

Über ihrem Kopf kamen große schwarze Vögel mit flatternden Schwingen dahergesaust, die der Wind vor sich her jagte und ganz zerfetzte; schließlich hatten sie weder Federn noch Körper mehr. Die Kleine dachte, so etwas Unheimliches habe sie noch nie gesehen, bis sie schließlich zu ihrer Verwunderung erkannte, daß es große Strohbüschel waren, die von irgendeinem Dach losgerissen worden waren.

So oft sie einen Schritt dem Wind entgegen machte, erhob sich dieser vor ihr wie ein sich bäumendes Pferd und wollte sie umwerfen; machte sie aber einen Schritt mit dem Wind, so stieß er sie vorwärts, und sie mußte mit krummen Knien und vorgebeugtem Rücken gehen, um ihm einigermaßen Widerstand leisten zu können. Dieses beständige Ankämpfen machte sie schrecklich müde, und schließlich hatte sie das Gefühl, als müsse sie einen vollbepackten Karren ziehen.

Und von Norden her kam der Wind und brachte

eine Kälte mit, als hätte er mit Leichen getanzt. Er war überaus scharf und heftig und drang durch ihre Pelzjacke und den Friesrock mit Eiseskälte in ihren Körper hinein. Daraus machte sie sich zwar nicht viel; aber sie fühlte wohl, wie ihr die Zehen in den mit Pechdraht genähten Stiefeln erstarrten, wie ihr die Finger in den wollenen Fausthandschuhen klamm wurden und wie ihr die Ohren unter dem Kopftuch brannten; aber trotzdem ging sie weiter, bis sie den ganzen langen Hügel hinunter gekommen war. Erst als sie in der Talsenkung stand, hielt sie an und wartete auf die beiden andern.

Und als diese endlich auftauchten, ging sie ihnen entgegen.

»Es wäre wohl am besten, wenn wir wieder heimgingen«, sagte sie. »Denn den Nyhof können wir ja doch nicht erreichen.«

Aber nun war Mutter böse und Bubi auch, und sie sagten sich, dieses kleine Mädchen solle sie nicht nur so regieren und sagen dürfen, wenn sie vorwärts gehen und wenn sie umdrehen sollten.

»O nein«, sagte die Mutter, »wir drehen nicht um; nun sollst du jedenfalls zum Weihnachtsschmaus kommen, da du so sehr erpicht darauf bist.«

»Ja, du sollst so viel Wind zu schlucken bekommen, daß du für viele Wochen genug hast«, fügte Bubi hinzu.

Damit ging Mutter mit Bubi weiter, und die Kleine mußte ihnen folgen, so gut sie konnte.

Als sie den Uvhof erreicht hatten, begegneten ihnen die Wanderlotte und der Betteljon. Und diese beiden, die sich sonntags und werktags in der Gegend herumzutreiben pflegten und an jegliches Wetter gewöhnt waren, hielten die Hände wie eine Trompete vor den Mund und riefen den drei Daherkommenden zu, sie sollten eiligst nach Hause zurückkehren, denn weiter drunten nach dem See zu sei es eisig kalt, sie würden da erfrieren.

Trotzdem gingen Mutter und Bubi weiter. Sie waren noch immer böse auf die Kleine und wollten, sie solle so recht zu schmecken bekommen, was für ein schreckliches Wetter es war.

Jetzt kam ihnen das Pferd von Erik auf Falla entgegen. Es zog einen leeren Schlitten hinter sich her, denn der Sturm hatte Erik auf Falla den Hut vom Kopf gerissen; und während er um die Zäune herumlief, über Hofmäuerchen kletterte und in den Gräben herumkroch, um seines Hutes wieder habhaft zu werden, war das Pferd des Stillestehens überdrüssig geworden und hatte sich auf den Heimweg gemacht.

Aber Mutter und Bubi sahen aus, als komme ihnen das gar nicht merkwürdig vor; sie gingen einfach weiter.

Sie hielten auch nicht an, bis sie oben auf den Brobyer Hügeln angekommen waren. Aber da gerieten sie in einen großen Haufen von Menschen, Pferden und Schlitten hinein, die hier hielten und nicht weiter konnten. Denn siehe! die große Brobyer Tanne, die so hoch gewesen war, daß man sie gerade wie den Gurlittagipfel aus weiter Ferne hatte sehen können, war vom Sturm gefällt worden und lag quer über den Weg. In der naheliegenden Brobyer Kirche aber sollten Jan von Gullåsa und Britta von Kringåsa getraut werden. Und der alte Jan Jansa von Gullåsa und die alte Mutter von Kringåsa sowie die Nachbarn und Verwandten und der Spielmann Jöns und die schöne Gunnar von Högsjö und viele andere, die mit im Hochzeitszug gehen sollten, standen nun da und konnten nicht weiter. Sie redeten eifrig durcheinander und erklärten, sie seien schon zweimal von umgewehten Bäumen aufgehalten worden; bisher hätte man sie wegschaffen können, bei dieser Tanne hier aber wüßten sie sich nicht zu helfen.

Der alte Vater von Gullåsa ging umher und bot den Leuten Branntwein an; aber weiter konnten sie deshalb doch nicht. Die Braut war aus dem Schlitten gestiegen und weinte, weil der ganze Weg zur Kirche so voller Hindernisse war; und der Wind riß rote Tüllrosen und grünseidene Blätter aus den Borten ihres Kleides, daß die Leute, die später am Tage dieses Weges durchs Kirchspiel gezogen kamen, nichts anders glaubten, als der Sturm habe einen wilden Rosenbusch in einem

Zauberwald ausfindig gemacht, dort die Blumen und Blätter mit fortgerissen und sie über die Hekken und Raine gestreut.

Aber Mutter und Bubi hielten nicht an, weil die Tanne quer über dem Weg lag; sie krochen unten durch und wanderten weiter, denn sie dachten, die Kleine werde noch eine ganze Weile nicht genug vom Sturm haben.

Und sie kamen auch wirklich bis zum Kreuzweg und bis zum Brobyer Gasthaus!

Da erblickten sie die Majorin Samzelius, die mit zwei Pferden in einem bedeckten Schlitten dahergefahren kam. Und erst als sie sahen, daß die Majorin unter Dach saß, begriffen die beiden wohl ganz, wie schrecklich das Wetter tatsächlich war; denn die Majorin gehörte sonst nicht zu denen, die sich vor etwas fürchteten. Als die Majorin aber der beiden ansichtig wurde, streckte sie die geballte Faust unter dem Schutzdach hervor, drohte ihnen und rief ihnen mit einer Stimme, die man noch durch das Brausen des Sturmes hindurch verstehen konnte, zu:

»Mach, daß du heimkommst, Marit von Koltorp! Bei so einem Wetter, wo ich sogar im verdeckten Schlitten fahren muß, darfst du nicht mit deinen Kindern draußen sein!«

Aber Mutter und Bubi dachten, für die Kleine werde es ganz gut sein, wenn sie noch eine Weile mit dem Wind kämpfen müsse.

Als sie jetzt die Brücke erreichten, die über den schmalen Sund zwischen dem oberen und dem mittleren Lövsee führte, mußten sie ganz am Brükkengeländer hinkriechen. Hier brauste der Sturm schrecklicher als je zuvor, und sie wären gewiß ins offene Wasser hineingetrieben worden, wenn sie aufrecht zu gehen versucht hätten.

Als sie die Brücke glücklich hinter sich hatten, waren sie halbwegs nach dem Nyhof, und nun begann die Kleine zu glauben, daß sie wirklich noch zum Weihnachtsschmaus zurecht kommen würden.

Aber kaum hatte sie das gedacht, als sich auch schon ein neues Hindernis einstellte. Wahrscheinlich war die heftige Kälte auf der Brücke für Bubi zuviel gewesen; der arme Kerl war kalt wie ein Eiszapfen. Er warf sich platt auf den Boden und wollte keinen Schritt mehr weiter. Die Mutter hob ihn auf, schüttelte ihn und lief mit ihm ins nächste beste Haus hinein.

Die Kleine erschrak sehr und lief eiligst hinter der Mutter her. Sie wußte nicht mehr, was sie tun sollte; denn wenn Bubi jetzt erfroren war, dann war sie schuld daran. Wenn sie nicht gewesen wäre, würden Mutter und Bubi sicher umgekehrt und nach Hause zurückgegangen sein.

Sie waren indes in ein Haus gekommen, wo unglaublich gute Leute wohnten, die sogleich sagten, ehe der Sturm sich gelegt habe, dürften die Gäste nicht vors Haus hinaus, es könne gar keine Rede davon sein. Ja, und sie sagten auch, es sei ein wahres Glück, daß sie bei ihnen eingekehrt seien; wenn sie ihren Weg noch bis zur Propstei fortgesetzt hätten, wären sie sicher alle miteinander erfroren.

Es sah aus, als sei Mutter recht froh, daß sie nun unter Dach und Fach waren. Sie saß so befriedigt da, als wisse sie ganz und gar nichts davon, daß drunten auf dem Nyhof jetzt die Bratspieße gedreht und das Fett von den großen Fleischkesseln abgeschöpft wurde.

Nachdem die Hausbewohner ihnen so recht nach Herzenslust gesagt hatten, wie gut es sei, daß die Wanderer bei ihnen eingekehrt waren, fiel es ihnen ein, zu fragen, warum sie sich denn eigentlich in dem Sturm hinausgewagt hätten, und ob sie vielleicht auf dem Weg zur Kirche gewesen seien?

Da erzählte ihnen die Mutter, warum sie unterwegs waren. Sie sagte, sie hätten zu Per Jansa auf Nyhof gewollt; der sei ihr Schwager, obgleich er ebenso reich sei, wie ihr Mann arm gewesen sei. Am zweiten Weihnachtsfeiertag halte er immer einen großen Weihnachtsschmaus, und zu diesem sei sie als Schwägerin selbstverständlich eingeladen. Sie habe allerdings von Anfang an das Wetter für recht schlecht gehalten, aber es sei ja das einzige Festmahl im Jahre, bei dem sie dabei sein dürften.

Als die guten Hausbewohner das hörten, fingen sie wieder zu jammern an und sagten, die Mutter tue ihnen schrecklich leid, weil sie nun nicht zum

Festmahl bei Per Jansa kommen könnte, denn dort gehe es sicher recht hoch her; aber in diesem Sturm noch einmal einen Versuch zu machen, das sei unmöglich, sie würde geradezu ihr Leben aufs Spiel setzen.

Die Mutter stimmte mit ihnen überein, und sie sah aus, als sei es gar keine Kunst für sie, hier bei diesen armen Leuten ganz ruhig sitzen zu bleiben, während es doch so viel Gutes gab, das auf sie wartete.

»Wenn Ihr die Kinder nicht bei Euch hättet, könntet Ihr Euch vielleicht schon bis zum Nyhof durcharbeiten«, setzten die Hausbewohner hinzu.

Auch darin stimmte die Mutter mit den Leuten überein. Ja, sie könnte schon noch zum Festmahl kommen, sagte sie, wenn sie die Kinder nicht bei sich hätte; diese aber wage sie bei diesem Wetter nicht mehr mit hinauszunehmen.

Nein, nein, es war nichts zu machen; darin waren alle ganz einig, aber die Mutter tat den Leuten eben doch schrecklich leid. Man sah ihnen ordentlich an, wie bekümmert sie darüber waren.

Da kam der Frau plötzlich ein guter Gedanke, über den sie sehr froh wurde.

»Ei der Tausend!« sagte sie. »Wenn Ihr selbst Lust zum Gehen hättet, könntet Ihr ja die Kinder hier bei uns lassen.«

Alle beide, die Frau und der Mann, waren ganz beglückt über diesen Einfall, und sie konnten gar nicht begreifen, warum sie nicht früher darauf gekommen waren.

Die Mutter machte zuerst etwas Umstände, gab aber bald nach. Und dann wurde ausgemacht, die Kinder sollten den Tag über und auch die Nacht da bleiben, wo sie waren, und die Mutter würde dann am nächsten Tage wiederkommen und sie abholen.

Darauf ging die Mutter, und da saß nun das kleine Mädchen.

Jetzt war also alle Hoffnung zu Ende, sie kam nicht zum Weihnachtsschmaus, das sah sie wohl ein. Aber was hätte es helfen können, wenn sie auch gesagt hätte, sie wollte mit der Mutter gehen? Diese herzensguten Leute, bei denen sie Unterkunft gefunden hatten, hätten sie doch nicht fortgelassen, auch hätte man ja Bubi nicht ganz allein zurücklassen können.

Die Hausbewohner versuchten, die Kleine zu unterhalten und sie ein bißchen aufzumuntern; aber sie brachte kein Wort heraus, ja sie drehte ihnen den Rücken zu, stellte sich ans Fenster und richtete ihren Blick auf zwei große Birken, die da draußen im Sturme hin und her schwankten.

Gar viele Wünsche stiegen in ihrem Herzen auf, während sie da am Fenster stand. Unter anderem wünschte sie, der Sturm sollte mit aller Gewalt auf das Haus losfahren, damit es einfiele und sie herauskommen könnte.

Aber, aber – das sah doch merkwürdig aus! Während sie so dastand und die Birken betrachtete, schienen diese mit jedem Augenblick weniger heftig hin und her zu schwanken, und zugleich war es auch, als nehme der Lärm und das Getöse ab, das mit dem Sturm daherkam, und als fliege jetzt nichts mehr, weder Stecken noch Stroh, in der Luft umher.

Die Kleine wußte kaum, ob sie ihren Augen trauen dürfte; aber jetzt war es wahrhaftig draußen so ruhig, daß die langherabhängenden Birkenzweige nur gerade noch ein wenig bebten.

Die Hausbewohner schäkerten mit Bubi und merkten nichts, bis die Kleine zu ihnen sagte, jetzt sei der Sturm vorüber.

Sie waren über die Maßen erstaunt und sagten sogleich, es sei schade, daß er sich nicht ein wenig früher gelegt hätte, dann hätten die Kinder ja auch noch zum Weihnachtsschmaus kommen können. Wenn sie den ganzen Tag hier bei ihnen sitzen müßten, so sei das kein Vergnügen, das wüßten sie wohl.

Da sagte die Kleine, wenn man es ihr erlaubte, könnte sie sich jetzt gut mit Bubi auf den Weg nach Nyhof machen. Es gehe ja immer auf der Landstraße geradeaus, da könne sie durchaus nicht fehl gehen, und so mitten am Tag werde ihnen ja sicher auch nichts Böses zustoßen.

Diese Leute waren doch wirklich von Herzen

gut. Sie wollten keinem Menschen die Freude verderben, und so ließen sie die beiden Kinder miteinander abziehen.

Jetzt war alles gut. Das Wetter war still und schön; es ging sich gar leicht, und es war niemand da, der der Kleinen befohlen hätte, im Zimmer zu sitzen oder umzukehren, wenn sie weiter wollte.

Aber etwas beunruhigte die Kleine doch. Es kam ihr vor, als sinke die Sonne gar so schnell dort auf der Südseite gegen den Himmelsrand herunter. Sie wußte nicht, wieviel Uhr es war; aber wie, wenn es nun schon so spät wäre, daß man auf dem Nyhof schon bei Tische saß! Und sie hatten noch eine ganze Meile zu gehen. Wie, wenn sie nun nicht früher hinkam, als bis es nur noch leere Schüsseln und abgenagte Knochen gab?

Bubi war erst sieben Jahre alt und konnte nicht sehr schnell marschieren. Auch war er nach allem, was er an diesem Tag schon durchgemacht hatte, mutlos und verzagt. Als die Kinder in der Talmulde am Fuße des Hedebyhügels standen, hielt die Kleine an und sah nach dem Lövsee hin, der frisch gefroren, mit blankem Eis bedeckt, vor ihr lag.

Sie fragte Bubi, an welchem Abend es doch gewesen sei, wo Mutter heimgekommen war und gesagt hatte, der Lövsee sei zugefroren. Mutter sei sehr überrascht gewesen, daß der See schon vor Weihnachten zugefroren war, und sie habe den ganzen Abend davon gesprochen.

»Ja, das ist am Tag vor dem Heiligen Abend gewesen«, sagte Bubi. »Ich weiß es ganz gewiß.«

»Dann ist der See ja schon seit vier Tagen gefroren«, entgegnete die Kleine, »da ist das Eis gewiß stark genug, uns zu tragen.«

Ha, nun kam neues Leben in den Jungen, sobald er begriffen hatte, daß die Schwester den Weg über den See nehmen wollte!

»Ja, ja, komm, wir schlittern bis zum Nyhof über den See!« rief er vergnügt.

»Ja, es ist am einfachsten, wenn wir diesen Weg nehmen, da der Nyhof am See liegt«, sagte die Kleine.

Sie war indes doch etwas bedenklich; aber jetzt war Bubi der, der darauf drang. Vom Weitergehen auf der Landstraße wollte er gar nichts mehr wissen. Nein, nein, die Schwester sollte sofort mit an den See hinunter!

»Dann mußt du zu Mutter sagen, du habest es gewollt, denn über dich wird sie nicht böse«, sagte die Kleine.

Es war nicht weit zum See, und die beiden Kinder standen bald draußen auf dem Eis, das glatt wie ein Aal und spiegelblank war, es hätte gar nicht blanker sein können. Die Kinder faßten einander bei der Hand und schlitterten nun quer über den See. Ei, das war besser als das Gehen auf der Landstraße! Auf diese Weise kamen sie sicher nach Nyhof, ehe das Festmahl zu Ende war.

Aber dann hörte die Kleine plötzlich ein Brausen und ein Donnern hinter sich, das sie nur zu leicht wiedererkannte. Sie brauchte sich gar nicht erst umzudrehen, um zu sehen, was es war, sie fühlte es schon im Nacken. Der Sturm war es, der sich wieder aufgemacht hatte.

Es war gerade, als hätte er sich ruhig verhalten, nur um die Kinder aufs Eis hinauszulocken; jetzt aber brauste er daher, fuhr auf sie los und warf sie um.

Nein, es war unmöglich, sie konnten auf dem Eise nicht weiter; seit der Sturm wieder losgebrochen war, konnten sie sich nicht mehr aufrecht auf den Füßen halten, und so blieb ihnen nichts anderes übrig, als ans Ufer zurückzukriechen.

Jetzt hätte man eigentlich glauben sollen, der Kleinen wäre aller Mut vergangen; sie war ja mit dem Brüderchen in einer verzweifelten Lage. Wie sollten sie nur wieder zu Menschen gelangen? Auf dem See konnten sie nicht weiter, und da, wo sie jetzt an Land kamen, fand sich nur ein steiler Berg und dichter Wald, aber kein Weg.

Ach! und Bubi war so müde und verdrießlich über alles, er weinte nur noch.

Die Kleine blieb eine Weile am Ufer stehen und sah ganz ratlos aus.

Aber plötzlich fiel ihr ein, wie sie und Bubi daheim oben von ihrem Berge herunterzufahren pflegten, wenn er ganz mit Eis bedeckt war, und sofort begann sie Tannenzweige abzubrechen und sie auf zwei Haufen zu schichten. Dann setzte sie Bubi auf den einen, ließ sich selbst auf die Knie nieder und schob nun Bubi mitsamt den beiden Haufen aufs Eis hinaus.

Als sie da draußen so recht im stärksten Blasewind drinnen waren, setzte sie sich auf den anderen Tannenzweighaufen, jedes von den Kindern nahm einen großen Tannenzweig in die Hand und hielt ihn gegen den Wind.

Und hui! sagte der Sturm, und hei! sagte der Sturm. Er schüttelte sie und stieß sie auf die Seite, wie wenn er probieren wollte, was er mit ihnen anfangen könnte.

Dann faßte er hart zu, und sie fuhren davon. Und es ging, es ging! Ja, hurtig wie der Wind ging es, und nun fühlten die Kinder den Sturm gar nicht mehr. Wenn nicht die Ufer an ihnen vorbeigeflogen wären, hätten sie fast glauben können, sie säßen ganz still.

Bubi schrie aus vollem Halse vor lauter Vergnügen; aber die Kleine saß auf ihrem Haufen mit fest zusammengepreßten Lippen und spähte eifrig umher, ob nicht ein neues Hindernis daherkomme, das sich zwischen sie und den Weihnachtsschmaus stellen wollte.

Das war die schnellste Fahrt, die die Kinder je in ihrem Leben gemacht hatten. Es dauerte nicht viele Minuten, da hatten sie die Landspitze vor sich, wo die großen Gebäude des Nyhofs aufragten.

Auf dem Hofe wollte man sich eben zu Tische setzen, als die Kinder auf dem Eise draußen auftauchten. Da liefen alle eiligst hinaus, um zu sehen, was denn da Merkwürdiges über den gefrorenen See dahergefahren kam.

Und man kann sich wohl denken, wie sehr sich alle verwunderten, als sie die Kinder erkannten. Ja alle miteinander, Per Jansa und Per Jansas Frau und der Pfarrer und alle anderen Gäste verwunderten sich über die Maßen.

Die einzige, die nicht gar so sehr überrascht aussah, war die Mutter.

»Dieses Mädchen gibt nicht nach, bis es so geht, wie sie es haben will«, sagte sie. »Ich hatte eigentlich schon die ganze Zeit erwartet, sie auf einem Besenstiel durch die Luft daherreiten zu sehen.«

Aber von wem die Leute den ganzen Abend sprachen, und wen sie lobten, und zu wem sie sagten, es werde einmal eine tüchtige Hausfrau aus ihr werden, das war die Kleine.

Der Traumpfannenkuchen

Am Silvesterabend ging die Pfarrerstochter ganz spät die Anhöhe hinunter, die zum Brauhaus führte, wo die Großmutter, Frau Beata Spaak, seit vielen Jahren wohnte. Maja Lisa führte die Kleine an der Hand, und man konnte schon von weitem hören, daß sie unterwegs waren, denn so oft sie den Weg verfehlten und in den Schneewall einsanken, schrien sie laut auf.

Es war neblig und stockdunkel, und am Himmel leuchtete weder Mond noch Stern. Hätte es nicht hinter der Großmutter Fensterläden hell hervorgeschimmert, dann hätten sich die beiden wohl kaum bis zum Brauhaus zurechtfinden können.

In dieser Weihnachtszeit wurden unbeschreiblich viele Gesellschaften gegeben, sowohl bei den Bauern als bei den Herrschaften, so viele, daß die Tage fast nicht ausreichten, und so war den Pfarrleuten schließlich nichts anderes übriggeblieben, als auch am Silvesterabend fortzufahren. Aber Mamsell Maja Lisa war wie gewöhnlich zu Hause gelassen worden. Es hieß, sie müsse daheim bleiben und dafür sorgen, daß das Gesinde eine ordentliche Mahlzeit mit Fisch und Grütze ganz wie am Heiligen Abend bekomme. Als ob die alte Haushälterin das nicht ebensogut hätte besorgen können!

Aber die Pfarrerstochter war deshalb doch in ausgezeichneter Laune. Am Vormittag hatte sie der Kleinen Märchen erzählt und Lieder vorgesungen, und die Kleine war sicherlich noch niemals so vergnügt gewesen.

Nach dem Abendbrot hatte Mamsell Maja Lisa erklärt, sie habe noch ganz und gar keine Lust, schlafen zu gehen; heute am Silvesterabend wolle sie wenigstens, ehe sie zu Bett gehe, einen Versuch machen, etwas von der Zukunft zu erfahren. Und dann hatte sie die Kleine gefragt, ob sie einen Traumpfannenkuchen mit ihr backen wolle.

Die Kleine wußte absolut nicht, was ein Traumpfannenkuchen war, hatte aber sofort ja gesagt; und sie würde selbstverständlich auch ja gesagt haben, wenn Mamsell Maja Lisa gefragt hätte, ob sie eine Suppe aus Kreuzottern mit ihr kochen wolle.

»Aber du darfst die ganze Zeit über, während wir den Traumpfannenkuchen machen, weder lachen noch sprechen«, sagte die Pfarrerstochter. »Und du darfst auch nicht das kleinste bißchen davon auf den Boden fallen lassen, weder vom Wasser noch vom Mehl, noch vom Salz.«

Ach, wenn das alles sei, meinte die Kleine, sie könne schweigen und ernsthaft sein, so lange man es verlange.

Dann aber waren sie in großer Not gewesen. Denn der Traumpfannenkuchen mußte von drei

Personen gemacht werden, sonst war es nichts, und die Pfarrerstochter wußte nicht, wo sie eine dritte Person dazu herbekommen sollte.

Sie gingen in die Küche und fragten, ob eine von den Mägden einen Traumpfannenkuchen mit ihnen backen wolle. Aber die Mägde schlugen nur die Hände über dem Kopf zusammen und sagten rundweg nein, sobald sie hörten, um was es sich handelte. Dieses Zeug hätten sie früher schon probiert; aber wenn man diesen Pfannenkuchen gegessen habe, könne man weder schlafen noch träumen; niemand solle sie verführen, ein solches Gericht je wieder zu versuchen.

Die Pfarrerstochter überlegte eine Weile, dann sagte sie:

»Wir müssen zu Großmutter hinüber und sie bitten, uns zu helfen.«

Und aus diesem Anlaß waren die beiden in der finstern Neujahrsnacht draußen und suchten den durch die Schneewehen geschaufelten Weg zu finden.

Die Pfarrerstochter meinte, diese Nacht sei gerade so, wie sie sein solle; eine Neujahrsnacht müsse dunkel und unergründlich sein, sie sei wie die Zukunft, in die man auch nicht hineinsehen könne.

Großmutter wohnte in einer Giebelstube oben im Brauhaus. Das schwierigste für die beiden war, sich die Treppe hinaufzutasten, die mit schmalen, ausgetretenen, dicht beschneiten Stufen in Absätzen außen an der Mauer hinaufführte; es war fast lebensgefährlich.

Aber auf Lövdala mußte man sich an das Gehen in der Dunkelheit gewöhnen; ausgenommen für Stall und Scheune durften für Laternen keine Kerzen von der Pfarrfrau gefordert werden.

Großmutter mußte indes die Gäste gehört haben; denn als diese die Treppe halb droben waren, kam sie heraus und machte die Tür auf. Und drinnen brannte der dreiarmige Leuchter auf dem Tisch vor dem Sofa, und im Ofen flackerte ein lustiges Feuer.

Die Großmutter war groß und mager und sah gebrechlich aus. Die Pfarrerstochter sah ihr gar nicht ähnlich, und das war auch nicht möglich, denn Großmutter war nur die Stiefmutter von Maja Lisas verstorbener Mutter; aber sie hätte die Pfarrerstochter nicht lieber haben können, wenn sie ihr eigenes Fleisch und Blut gewesen wäre.

Es war, als verstehe sich Frau Beata auf ganz besondere Künste, denn wie es auch anderswo sein mochte, hier in ihrem Zimmer war es immer warm und behaglich und immer wie ausgeblasen. Sie hatte nur ein Zimmer, in dem sie schlief und auch kochte; aber ihr Bett mit dem weißen Vorhang, der von einer vergoldeten Stange herunterhing, war nur ein weiterer Schmuck für das Zimmer, und dasselbe konnte man auch von ihren glänzenden Kupferkasserollen und Porzellantellern auf dem Geschirrbort sagen.

Und sie selbst sah auch zierlich und vornehm aus; aber ihre Hände hatte die Gicht arg mitgenommen, die Finger waren gekrümmt, und sie konnte sie nicht biegen. Wenn man ihr die Hand reichte, war das eine schwierige Sache, und man wußte nicht recht, wie man ihre Hand ergreifen sollte.

Als die Pfarrerstochter ihr Anliegen vorbrachte, lachte die Großmutter sie ein wenig aus, sagte aber doch gleich ja, sie wolle mittun, sie warte allerdings immer auf jemand und möchte wohl wissen, ob er in diesem neuen Jahre komme.

Da war es natürlich am besten, sie blieben gleich bei der Großmutter und backten da den Traumpfannenkuchen.

Zuerst nahmen sie von dem kleinen Bort hinter dem Herd eine Schüssel herunter; alle drei hielten die Schüssel am Rand fest und stellten sie so auf den kleinen Küchentisch.

Dann mußten sie einen hölzernen Löffel haben; und alle drei gingen miteinander an das Eckschränkchen, das Großmutter als Speisekammer diente, um den Löffel zu holen. Und alle drei hielten den Löffelstiel fest, als sie ihn zum Tisch hintrugen und auf die Schüssel legten.

Dann gossen sie drei Löffel Wasser in die Schüssel; und alle drei holten das Wasser aus Großmutters Kupfergelte, und keines sprach ein Wort, keines lachte, während sie das taten.

Als dies getan war, schütteten sie drei Löffel voll Mehl in das Wasser; dabei hielten alle drei den Löffel und steckten ihn miteinander in die Mehltonne, alle drei hoben das Mehl heraus und schütteten es auch in das Wasser. Keines ließ den Löffel los, keines sprach, keines lachte und keines ließ auch nur das kleinste Stäubchen Mehl auf den Boden fallen.

Dann schöpften sie drei Löffel voll Salz hinein.

Und auch jetzt sprach keines ein Wort, keines lachte und keines verstreute auch nur das kleinste Körnchen Salz.

Aber ist es zu glauben? Als sie so weit gekommen waren, fragte Großmutter, ob man Schmalz in die Pfanne tun solle.

Im selben Augenblick jedoch, wo sie das sagte, schleuderte die Pfarrerstochter den Löffel weg, warf sich auf einen Stuhl und brach in lautes Lachen aus. Die Kleine hielt zwar den Löffel fest, bekam aber einen so fürchterlichen Lachkrampf, daß sie nicht mehr stehen konnte, sondern sich auf dem Boden kugelte und gar nicht wieder zu lachen aufhören konnte.

Großmutter verzog nur den Mund ein wenig. Sie hätte sich vielleicht nicht zu versprechen brauchen; aber sie dachte an alte Zeiten und wußte, wenn beim Backen des Traumpfannenkuchens nicht irgendein kleines Mißgeschick passierte, dann war kein Spaß dabei.

Ach, und es war ihr so lieb, wenn die Pfarrerstochter ihren Kummer vergaß und ein wenig lachte.

Als die beiden sich endlich gefaßt hatten, beschlossen sie, wieder von vorne anzufangen; denn jetzt taugte das, was bisher geschehen war, nichts mehr, und sie mußten alles ganz von vorne an noch einmal machen.

Aber jetzt war es nicht mehr so leicht, denn nun waren sie schon in lächerlicher Laune.

Zuerst gossen sie drei Löffel Wasser in die Schüssel.

Weiter kamen sie nicht, schon mußten sie wieder lachen. Und die Pfarrerstochter war am schlimmsten; bei der Kleinen war es lange nicht so gefährlich wie bei Maja Lisa.

Gute fünf Minuten lang konnte sie sich gar nicht wieder fassen.

Doch dann sagte die Pfarrerstochter, jetzt müßten sie aber ordentlich sein, sonst würden sie mit dem Pfannenkuchen vor Mitternacht nicht fertig.

»Oh, es würde ganz gut gehen, wenn nur du ernsthaft sein könntest«, sagte die Großmutter.

Zuerst gossen sie das Wasser hinein, dann das Mehl, dann das Salz, und dann rührten sie alles gut durcheinander. Und alle drei hielten den Löffel, als sie alles umrührten, und keines lachte, keines sprach ein Wort, keines verschüttete das kleinste bißchen auf den Boden.

Als nun der Teig gut verschafft war, legten sie ihn in die Bratpfanne. Aber der Pfannenkuchen sah nicht appetitlicher aus als der Mischmasch, den man den Hühnern und Schweinen zusammenrührt. Überdies war er ganz steif und hart und glitzerte von dem vielen Salz, das darinnen war.

Nun stellten sie die Pfanne aufs Feuer und ließen den Pfannenkuchen auf der einen Seite backen, dann wurde er umgedreht. Und immer hielten alle miteinander den Löffel, alle drei halfen den Kuchen umdrehen, und keines ließ den Löffel fallen.

Dann war der Traumpfannenkuchen fertig und sollte gegessen werden.

Jetzt waren die Pfarrerstochter und die Kleine im höchsten Eifer, und es war keine Gefahr mehr, daß sie losplatzen würden. Sie dachten nur noch daran, daß sie vielleicht in die Zukunft sehen durften, und diese große Gelegenheit wollten sie gewiß nicht verscherzen.

Der Traumpfannenkuchen glänzte vor lauter Salz, und es gehörte ordentlich Mut dazu, hineinzubeißen. Aber sie teilten ihn in drei Teile, und dann aßen sie, so gut es eben ging.

Die Kleine aß ihren Teil auf, weil sie begriff, daß es sein mußte, und sie alle Vorschriften genau befolgen wollte. Großmutter nahm nur ein ganz kleines Stückchen, und es ist nicht sicher, ob sie selbst dieses hinunterwürgte. Die Pfarrerstochter aß einen Mund voll. Aber so gerne sie auch in die Zukunft sehen wollte, sie war nicht imstande, noch einen einzigen Bissen hinunterzubringen.

Die beiden jungen Menschenkinder waren wie ein wenig enttäuscht von dem Traumpfannenkuchen, aber jedenfalls sprach keines ein Wort. Sie winkten der Großmutter nur gute Nacht zu, und diese stand schweigend oben an der Tür und leuchtete ihnen die Treppe hinunter.

Die paar Schritte über den Hof liefen sie, so rasch sie konnten, denn jetzt war es, als sei die Nacht gar nicht mehr so dunkel und unergründlich. Sie war bereit, ihren Vorhang wegzuziehen und ihnen ihre Geheimnisse zu zeigen; aber sie wagten nicht, stehenzubleiben, um zu sehen.

Als die beiden sich durch die Küche schlichen, waren die Mägde schon zu Bett; aber selbstverständlich riefen ihnen alle miteinander zu, wie es gegangen sei: ob sie schon geträumt hätten, und wer ihnen im Traum erschienen sei? Aber sie brachten kein Wort aus ihnen heraus, weder aus Mamsell Maja Lisa, noch aus der Kleinen.

Die Kleine schlief ein, sobald sie den Kopf aufs Kissen legte, und schlief bis zum nächsten Morgen. Als sie erwachte, hatte sie einen scharfen Geschmack im Munde; aber so große Mühe sie sich auch gab, sie konnte sich doch nicht erinnern, ob sie etwas geträumt hatte.

Großmutter hatte die ganze Nacht nicht geschlafen, war aber dann das ganze Neujahrsfest hindurch still und schweigsam und wie in einem Traum befangen; es war, als habe jedenfalls sie etwas erfahren.

Die Pfarrerstochter konnte lange nicht einschlafen, weil sie brennenden Durst litt; aber etwas trinken, ehe man geschlafen hatte, das durfte man doch beileibe nicht, sonst war alles umsonst gewesen.

Als sie am Morgen erwachte, konnte sie sich zuerst nicht klar darüber werden, ob ihr etwas geträumt hatte.

Aber später am Tage ging sie zufällig einmal durch den Flur und trat auf die Freitreppe hinaus.

Und da hielt sie plötzlich an; denn nun fiel ihr ein, daß sie in der Nacht im Traum ganz auf demselben Platz gestanden hatte. Und da waren in ihrem Traum zwei Fremde, ein junger und ein alter, auf dem Sandweg dahergekommen. Und der Alte hatte gesagt, er sei der Propst Liljecrona und komme mit seinem Sohne, um sie zu fragen, ob sie durstig sei und gerne einen Trunk Wasser wolle.

Und sofort war der junge Mann mit einem Glas hellem frischen Wasser in der Hand vorgetreten und hatte es ihr angeboten.

Als aber die Pfarrerstochter sich daran erinnerte, erschrak sie, und sie zitterte am ganzen Leibe.

Denn das ist sicher und gewiß: wer einem, nachdem man einen Traumpfannenkuchen gebacken hat, im Traum ein Glas Wasser anbietet, den heiratet man.